CB055682

DEVOCIONAL

OS SETE LEGADOS

ESTE LIVRO PERTENCE A

....

....

Copyright © 2024
por José Neto

Todos os direitos desta publicação reservados à Maquinaria Sankto Editora e Distribuidora LTDA. Este livro segue o Novo Acordo Ortográfico de 1990.

É vedada a reprodução total ou parcial desta obra sem a prévia autorização, salvo como referência de pesquisa ou citação acompanhada da respectiva indicação. A violação dos direitos autorais é crime estabelecido na Lei n.9.610/98 e punido pelo artigo 194 do Código Penal.

Diretor-executivo
Guther Faggion

Editora-executiva
Renata Sturm

Diretor Financeiro
Nilson Roberto da Silva

Editor
Pedro Aranha

Revisão
Filipe Delage

Marketing e Comunicação
Rafaela Blanco, Matheus Costa

Direção de Arte
Rafael Bersi

DADOS INTERNACIONAIS DE CATALOGAÇÃO NA PUBLICAÇÃO (CIP)
ANGÉLICA ILACQUA – CRB-8/7057

José Neto
Devocional : Os Sete Legados / José Neto. -- São Paulo: Maquinaria Sankto Editora e Distribuidora LTDA., 2024.
 224p.
  ISBN 978-85-94484-21-5

  1. Literatura devocional 2. Meditações 3. Vida cristã I. Título

24-0200   CDD-248.4

ÍNDICES PARA CATÁLOGO SISTEMÁTICO:
1. Literatura devocional

---

sanktō

Rua Pedro de Toledo, 129 - Sala 104
Vila Clementino - São Paulo - SP - CEP: 04039-030
www.sankto.com.br

JOSÉ NETO

DEVOCIONAL

OS SETE LEGADOS

TEMPO · ATENÇÃO · TESTEMUNHO
HONRA · PALAVRAS · AFETO · EMOÇÕES

SUMÁRIO

6	INTRODUÇÃO
9	OS SETE LEGADOS
10	Tempo
40	Atenção
70	Testemunho
100	Honra
130	Palavras
160	Afeto
190	Emoções
220	CONCLUSÃO
222	AGRADECIMENTOS
223	SOBRE O AUTOR

INTRODUÇÃO

Quero muito repartir porções daquilo que tem sido de grande valor em minha vida: entregar o que gratuitamente tenho recebido do Senhor. Parafraseio aqui as palavras de Paulo em sua primeira carta a Timóteo ao dizer que "Deus tudo nos proporciona para nosso aprazimento e que devemos ser generosos em dar e prontos a repartir; assim acumularemos tesouros como um alicerce firme para o futuro, a fim de experimentarmos a verdadeira vida" (1Tm 6:17-19). Escrever este livro é uma forma que encontro para produzir legado.

E por falar em legado, preciso explicar o que realmente esse termo significa. Confundimos muito seu significado com a palavra herança, chegando a usar como sinônimos. Mas elas se distinguem, inclusive nas Escrituras Sagradas. Pois, segundo o salmista, o legado é perpétuo e prazeroso ao coração. "Os teus testemunhos recebi-os por legado perpétuo porque me constituem o prazer do coração" (Sl 119:111). O termo "prazer" utilizado nesse verso aparece apenas 22 vezes na Bíblia, sendo que em dezenove delas têm natureza Divina.

A herança é efêmera e passageira, enquanto o legado é perpétuo. Legar (ato de deixar legados) é entregar valores em vida. Diz respeito àquilo que você deixa nos corações, nas memórias. Não levaremos a herança, pois não terá valor algum na eternidade, porém nosso legado se apresentará conosco diante de Deus.

Nós vivemos legando, é no gerúndio mesmo. E certamente importa que deixemos herança, isso tem valor, gerará segurança e bem-estar. É importante pensarmos nisso com carinho e nos dedicarmos a deixar bons recursos. Mas é certo também que esta herança desvencilhada de um bom legado gerará mais danos do que ganhos. Já vi boas heranças destruírem grandes famílias, mas um bom legado, jamais.

Há quem viva legando, repartindo-se, como significa a palavra *nachal* no Antigo Testamento, traduzida no salmo 119:111 por legado. Pessoas assim, ao partirem para a eternidade, deixam importantes memórias, grandes lições e muitas saudades.

Depois de mais de 24 anos de ministério pastoral, sendo vinte deles na Igreja Batista Nacional de Sorriso (MT), decidi reunir neste livro os 7 legados que creio serem de suma e extrema importância para a vida saudável do cristão: tempo, atenção, testemunho, honra, palavras, afeto e emoções. Em cada igreja plantada, em cada percalço na minha vida cristã, esses legados me acompanharam, foram passados para mim e chegou minha vez de legá-los a você, leitor.

São 7 devocionais por legado, totalizando 49 devocionais em 7 legados. Em todo último devocional, há uma reflexão que desemboca em aplicações diretas em sua vida, com espaços para que você anote e reflita sobre os textos.

Meu objetivo com este livro é que você, amigo, possa usá-lo com sabedoria para gerar mudança real em sua vida. Que, ao lado da leitura da Bíblia, seus próximos dias sejam cheios da reviravolta que somente Jesus pode causar nos corações daqueles que o seguem e também dos que se afastaram de suas palavras.

Esforce-se para praticar estes devocionais com "teu próximo", com sua família, amigos e conhecidos, e assim crie uma experiência intensa e legue para aqueles ao seu redor o desejo pela mudança de vida que é necessária a todo crente.

Por fim, espero que acumule muito e deixe uma bela e grande herança para sua família e amigos. Mas desejo que, depois dessa leitura, sua vida e seus legados sejam tão significativos, que a herança será a menor de suas contribuições.

OS SETE LEGADOS

PRIMEIRO LEGADO

TEMPO

Você com certeza já ouviu a expressão: "tempo é dinheiro", ou frases como "não desperdice seu tempo". A verdade é que o ser humano só entrega valor em troca de outro valor igual ou maior. E o tempo, de todos os valores imateriais, é um dos que mais pesam em nossa balança.

As pessoas querem viver mais, lutam por viver mais do que seus antepassados. Qual é a pílula da juventude e da imortalidade? Qual é o grande segredo para que o homem exista para sempre? As pessoas querem mostrar sua juventude no rosto e no corpo, pagam valores altíssimos para mostrar que ainda têm tempo para viver, que não têm a idade que realmente lhes pertence. Há uma constante luta por tempo, ou melhor, por se enganar a acreditar que há como poupar ou ganhar tempo.

Uma vez, anos atrás, durante o período da Páscoa, fiz um acordo com a diretora de uma escola particular. Vesti-me de pessoa em situação de rua e fui para a frente da escola. Alunos e pais passavam por mim com caretas, alguns até atravessavam a rua para o outro lado, com medo.

Quando começou o horário de aula, entrei na escola e todas as crianças e pais foram chamados para o pátio porque o "mendigo" palestraria para elas. O que eu disse para todos naquele pátio foi que a verdadeira mendicância estava dentro de nossas casas. Pais e filhos que mendigam tempo de qualidade para serem vistos e amados.

Legar tempo não é só de forma planejada. É fácil separar seu tempo durante a semana para um compromisso, mas e quando exigem de você tempo que conflite com outras prioridades na sua vida? E quando as coisas saem do seu tempo cronometrado?

Precisamos abrir janelas de tempo para o que não está programado, porque em nome do foco e dos resultados, costumamos fechá-las para quem não está dentro da nossa agenda, desperdiçando nosso tão rico e precioso tempo.

Legar é entregar, deixar algo de você para o outro, e não costumamos entregar tempo para as pessoas. Como você tem usado o seu tempo? Como encarar a imagem grande e assustadora do relógio fazendo tique-taque a cada segundo? O que significa e como legar tempo?

Que nas próximas páginas, seu período na Terra tome um novo sentido diante da luz das Escrituras e que o tempo verdadeiramente importante — o de Cristo, e não o dos homens — seja o guia do seu coração.

PEDRA QUE ROLA

"Nascem de manhã e à tarde são destruídos; perecem para sempre, sem que ninguém se importe com isso."

JÓ 4:20

Eu ainda cursava o sétimo ano do Ensino Fundamental quando encontrei um antigo carro Ford Belina carregado com fardos de tapetes, caixas, malas e muitos utensílios domésticos em frente à escola.

Era uma família de ciganos venezuelanos, montando sua tenda do outro lado da rua. Mesmo sem entender completamente o que diziam, perguntei-lhes onde moravam, e disseram não ter endereço fixo, mas gostavam muito do Brasil. O velho cigano disse que ficariam pouco tempo, pois passavam de cidade em cidade vendendo seus tapetes e bijus.

Antes de eu ir para casa, pedi àquele senhor que escrevesse, em seu idioma, uma frase para guardar de lembrança. Em um papel que arranquei de meu caderno, ele escreveu: "Piedra que rueda no junta musgo" (Pedra que rola não junta musgo, em português).

O tempo é um fator crucial em toda a natureza. Podemos observar isso nas plantas, pois elas darão seus frutos na estação própria. Não há como adiantar ou atrasar esse processo sem que ela sofra.

> O tempo é um fator crucial em toda a natureza. Podemos observar isso nas plantas, pois elas darão seus frutos na estação própria.

PEDRA QUE ROLA

Quando li aquela frase no papel, senti que o cigano estava falando de sua dor, seu maior conflito. É comum que ciganos sejam peregrinos. Aquele Ford Belina carregava consigo uma história que ele não poderia contar. A velha tenda rasgada era um lar provisório, fincou muitas estacas, mas nenhuma raiz.

Ao pensar no "musgo", percebi que servem de substrato para plantas e conservam a umidade. Sendo assim, o cigano sabia que "rolando" como estava, dificilmente sua vida produziria "substrato" para outras pessoas, não saciaria a sede de relacionamento de seus filhos, amigos e familiares. Uma perda de difícil reparação; relacionamentos sem raízes, raízes sem umidade, sem permitir que outros sejam nutridos pelos seus frutos.

Caro leitor, até mesmo seu coração sabe respeitar o tempo, batendo no compasso devido a cada momento. Vamos aprender com ele. Nada de ficar muito tempo sob alta pressão; não queremos adoecer. Lance sementes aonde for, sem pensar que está perdendo algo, pois o tempo não é nosso para ser perdido ou ganhado, é de Deus.

Eu vou legar mais tempo com...

....
....
....
....
....
....
....
....
....

Minha oração:

....
....
....
....
....
....
....
....
....
....

PEDRA QUE ROLA

TEMPO ÀS MINHAS FLECHAS

"Inútil vos será levantar de madrugada, repousar tarde, comer o pão que penosamente granjeastes; aos seus amados ele o dá enquanto dormem. Herança do Senhor são os filhos; o fruto do ventre, seu galardão. Como flechas na mão do guerreiro, assim os filhos da mocidade. Feliz o homem que enche deles a sua aljava; não será envergonhado, quando pleitear com os inimigos à porta."

SALMOS 127:2-5

Em tempos de guerra, na antiguidade, era comum que os guerreiros preparassem suas próprias flechas; eles dedicavam bastante tempo à confecção de forma personalizada. Quanto mais tempo dedicado ao polimento e alinhamento, mais precisas ficavam e maior distância alcançavam. O detalhe é que só eram colocadas na aljava quando estivessem prontas para serem lançadas, prontas para as batalhas.

Este é um dos exemplos mais ricos que encontramos nas Escrituras. É quando o salmista compara nossos filhos às "flechas" dos valentes. Ele chega a dizer que será inútil o tempo de certos trabalhos: levantar de madrugada, dormir tarde; sob o custo da inversão de prioridades. O presente que Deus nos deu foram os filhos. O polimento e a educação deles necessita de uma dedicação pessoal. Vale a pena frisar: dedicação pessoal de tempo com propósito.

> Herança do Senhor são os filhos; o fruto do ventre, seu galardão.
>
> (SALMOS 127:3)

Assim devem ser mensuradas nossas prioridades, pois, se quisermos dedicar mais tempo ao trabalho em detrimento dos filhos e da família, menor será nosso legado sobre eles. É bem verdade que as melhores memórias serão registradas nesses ricos momentos.

Lembre-se! Nossos filhos irão à batalha, mas se estarão ou não prontos, depende do quanto repartimos de nós com eles e do quanto foram polidos por nós. E isso só é possível se dedicarmos nosso tempo a eles, se legarmos os principais ensinamentos que recebemos ao longo do nosso tempo.

Que nossa felicidade se complete ao vermos que eles já estão em condições de serem colocados na aljava, prontos para que Deus os lance nos planos que têm preparados para eles.

> Como flechas na mão do guerreiro, assim os filhos da mocidade.
>
> (SALMOS 127:4)

Eu vou legar mais tempo com...

_____
_____
_____
_____
_____
_____
_____
_____
_____

Minha oração:

_____
_____
_____
_____
_____
_____
_____
_____
_____
_____
_____

TEMPO É MAIS QUE DINHEIRO

"Porque o amor do dinheiro é raiz de todos os males; e alguns, nessa cobiça, se desviaram da fé e a si mesmos se atormentaram com muitas dores."

1TIMÓTEO 6:10

Um dos textos mais famosos da Bíblia está em Eclesiastes 3, o capítulo do tempo, quando o autor diz que há um tempo para todo o propósito debaixo do céu. Uma das frases mais famosas do mundo moderno é: "Tempo é dinheiro", dita por Benjamin Franklin. E por que essa colocação é tão presente em nossa vida, ainda que tão diferente da Bíblia?

Hoje, o mundo entende que o tempo é dinheiro, porque todo tempo que você dedica ou desperdiça, deixa de lucrar ou ganhar. Há uma ideia de que quanto mais você trabalhar, mais ganhará. E quando caímos na voz do salmista nos dizendo que "inútil vos será levantar de madrugada, repousar tarde, comer o pão que penosamente granjeastes; aos seus amados ele o dá enquanto dormem", nos deparamos com a questão: se Deus dá aos seus amados enquanto dormem, por que eu deveria me esforçar tanto em prol de algo que foge do meu controle?

Entenda, não é um aval para jogar as pernas para o alto. Só quer dizer que há tempo para todas as coisas; não é sobre o quanto você se empenha, mas é Deus que acrescenta. De nada adianta o esforço sem Deus em primeiro lugar. Quem se dedica demais ao dinheiro, cria raízes maléficas.

Salomão disse que recebera milhares de animais, e descobriu que corria atrás do vento. Era tudo vaidade. A pergunta que fica é: tempo é realmente dinheiro? Não. Tempo é valor. É muito maior do que dinheiro.

O tempo sequer nos pertence, ele é de Deus, dado para nós. É uma riqueza que podemos usar para abençoar os outros. Nós escolhemos como usar o tempo legado por Deus a nós. Como você tem usado o seu tempo? Ele é usado como uma medida monetária ou como forma de louvor ao Senhor?

Não devemos nos enganar, pois aqueles que fincam suas raízes e confiam em si próprios estão fadados ao fracasso. Entregue diante de Deus o seu tempo, as suas ansiedades, e legue com amor e cuidado o seu tempo, para que todo o resto lhe seja acrescentado pelo Divino.

> **Porque o amor do dinheiro é raiz de todos os males.**
> (1 TIMÓTEO 6:10)

Eu vou legar mais tempo com...

....
....
....
....
....
....
....
....
....

Minha oração:

....
....
....
....
....
....
....
....
....
....
....

ESCRAVO OU LIVRE?

"E, havendo Deus terminado no dia sétimo a sua obra, que fizera, descansou nesse dia de toda a sua obra que tinha feito. E abençoou Deus o dia sétimo e o santificou; porque nele descansou de toda a obra que, como Criador, fizera."

GÊNESIS 2:2-3

Quando o povo de Israel foi liberto do Egito, eles se tornaram livres de uma escravidão que foi muito além do trabalho forçado e de um governo que os subjugava. Foi uma escravidão geracional, que perdurou por mais de 400 anos e exauriu emocional e espiritualmente uma cultura e um povo inteiro.

E quando a liberdade dada por Deus os alcançou, o Senhor chamou Moisés para dar-lhes algumas orientações, e uma delas dizia a respeito do descanso.

Àquele ponto, ainda não existia a lei do sétimo dia. Ela passou a existir a partir da libertação de Israel. E por quê? Quando lemos os Dez Mandamentos a partir do que aconteceu nos 400 anos de escravidão, fica mais claro. Os israelitas eram escravizados, trabalhavam de sol a sol. O descanso não fazia mais parte da cultura deles, não havia o conceito de tempo de qualidade.

> Foi para a liberdade que Cristo nos libertou. Portanto, permaneçam firmes e não se deixem submeter novamente a um jugo de escravidão.
>
> (GÁLATAS 5:1)

O que Deus estava falando era que não havia mais escravidão, e sim liberdade. Não eram mais escravos do trabalho, do tempo e de uma cultura que os subjugou por tanto tempo.

É muito comum a ideia de que não estar trabalhando é perder tempo. Eu, por exemplo, amo trabalhar. Sou apaixonado pelo que faço, mas, ao mesmo tempo, sei que preciso de descanso.

No entanto, essa ideia só veio após muitos erros. No nascimento da minha filha, Sarah, houve um momento em que não estive presente, porque estava na igreja. Eu decidi estar no culto em vez de estar ao lado da minha esposa. Você entende a idiotice que cometi contra a minha própria família? A balança do tempo em relação ao trabalho estava tão desnivelada que pensei que meu trabalho valia mais do que minha presença para minha esposa. E isso deixou uma marca nela, e com razão.

Escravo. Eu fui escravo da cultura, da cobrança, dos resultados. Escravo da alma. Eu sou livre, e ainda assim me coloquei num espaço de escravidão.

Gênesis diz que o descanso é tão importante que até mesmo Deus descansa. Quando o Senhor quis fazer a mulher, ele colocou o homem para dormir. Quando Deus quer mostrar que ele é poderoso, ele coloca o homem para descansar. Ele diz: "Aquietai-vos e sabeis que eu sou Deus".

Se até o Senhor descansa, por que você não descansaria?

Eu vou legar mais tempo com...

....
....
....
....
....
....
....
....
....

Minha oração:

....
....
....
....
....
....
....
....
....
....

ESCRAVO OU LIVRE?

NEM TODA RELAÇÃO COM A NOIVA AGRADARÁ AO NOIVO

"Ora, se alguém não tem cuidado dos seus e especialmente dos da própria casa, tem negado a fé e é pior do que o descrente."

1TIMÓTEO 5:8

Quando minha filha ainda não tinha sequer um ano de vida, parei em frente à igreja, no domingo, 15 minutos antes do culto começar. Minha esposa estava sentada ao meu lado, com Sarah no colo. Era apenas mais um dia comum de trabalho.

No entanto, antes que eu pudesse sair do carro, Josi, minha esposa, segurou meu braço e disse: "Você precisa decidir com quem você vai ficar casado". Não entendi de imediato. Perguntei o que ela quis dizer, e ela respondeu: "Você não se deu conta de que está tendo um caso com a noiva de outro". Naquele momento, pensei que ela estivesse me acusando de traição, o que era um absurdo, mas ela completou: "A Noiva não é sua, a Noiva é dele. Você está tão envolvido com a igreja, com a Noiva, que se esqueceu com quem você casou, quem é a sua família".

> Não deixe que o ativismo religioso se torne um ídolo no seu coração. Busque o equilíbrio.

Aquilo causou uma dor imensa em mim. Eu estava indo pregar no púlpito, prestes a falar com diversos fiéis, e ainda assim era pior do que qualquer incrédulo que entrasse por aquela porta.

Saí do carro e marchei até o seminarista de plantão. "Preciso ir atender uma família que está numa crise. Cuida do culto, é urgente e não posso deixá-los na mão." Ele me lembrou que faltavam 15 minutos para a ministração, mas aquilo não me importou no momento. Meu tempo precisava ser direcionado para minha casa.

É comum alguns irmãos estranharem quando eu não vou pregar em algum determinado culto de domingo, mas sou visto passeando com minha família. Eu tenho compromisso de legar tempo ao ministério do Senhor e à minha casa. Não é necessário abrir mão de um em detrimento do outro. Porque ambos pertencem ao Senhor e ao seu tempo.

Minha esposa me lembrou da dosagem, do cuidado. Até na igreja precisamos saber dosar, para que não se torne nosso único ponto de foco e deixemos de lado nosso primeiro ministério, nossa primeira igreja, que nos faz afirmar a fé, o primeiro lugar em que damos testemunho de Cristo, que é a nossa casa.

Não deixe que o ativismo religioso se torne um ídolo no seu coração. Busque o equilíbrio. Lembre-se sempre de que cuidar da sua família também é cuidar do ministério e da Noiva do Senhor.

Eu vou legar mais tempo com...

....
....
....
....
....
....
....
....
....

Minha oração:

....
....
....
....
....
....
....
....
....
....

CONTE OS DIAS

"Ensina-nos a contar os nossos dias, para que alcancemos coração sábio."

SALMOS 90:12

Dona Irenir Serra é uma senhora de 92 anos que tem dedicado toda a vida ao Senhor e à família. Ela me convidou para sua comemoração de 80 anos. No dia da festa, estavam presentes algumas das pessoas mais importantes do Mato Grosso para homenagear a tão distinta senhora. Ela teve cinco filhos, todos cristãos e bem-sucedidos familiar e profissionalmente.

Durante sua festa, ela recitou poemas e textos bíblicos que decorara e disse em seguida: "Agradeço a Deus por esses 80 anos e por me permitir sonhar com os próximos". O profeta Joel anunciou que nos últimos dias o Espírito seria derramado sobre toda carne, e uma das consequências é que os velhos voltariam a sonhar. Não é sonhar dormindo, mas sonhar acordado. Pois chega uma fase da vida em que paramos de sonhar, achamos que a vida acabou, que chegamos a um patamar em que não há mais o que ser vivido, perdemos a vontade de existir.

Dona Irenir escreveu, aos 80 anos, seus planos para os próximos 25 anos de vida e ainda disse: "Quando eu estiver com 105, verei o que vou fazer". Achei aquilo fantástico! Porque aos 80, ela ainda tinha planos e sonhos. E isso foi há 12 anos. Aquilo me ensinou muito, pois na ocasião eu não tinha planos nem para a semana seguinte.

Ela aprendeu a contar os dias, a celebrar o tempo vivido e cada segundo diante da presença de Deus. É um legado que ela deixou para seus filhos. A família inteira nunca deixa de comemorar o tempo que vivem, e vivem de maneira que vale a pena contar.

Precisamos viver dias que valham a pena ser contados. Devemos sempre pensar em legar nosso tempo aos outros, a mostrar a eles que vale a pena viver e comemorar cada segundo passado diante do Senhor e entre os que amamos.

> Muitos são os planos no coração do homem, mas o que prevalece é o propósito do Senhor.
>
> (PROVÉRBIOS 19:21)

Aprenda a contar seus dias e a se apoiar em Deus para que eles sejam vividos da melhor maneira possível — servindo ao Criador.

Eu vou legar mais tempo com...

_____
_____
_____
_____
_____
_____
_____
_____

Minha oração:

_____
_____
_____
_____
_____
_____
_____
_____
_____
_____

CADA DIA COM SEU PRÓPRIO MAL

"Qual de vós, por ansioso que esteja, pode acrescentar um côvado ao curso da sua vida? (...) Portanto, não vos inquieteis com o dia de amanhã, pois o amanhã trará os seus cuidados; basta ao dia o seu próprio mal."

MATEUS 6:34

Certo dia, conheci uma jovem atormentada pelo tempo e pela ansiedade, com transtornos ansiosos que são cada vez mais comuns aos jovens e, para ser sincero, a todos nós. Ela desenvolveu TAG (Transtorno de Ansiedade Generalizada) após ser assaltada na rua de casa. A situação foi tão traumática que ela desistiu de sair de casa. Trancava-se no quarto, não queria sair com a família, perdia noites de sono imaginando como seria se invadissem sua casa e tomassem a vida de seus pais: como se sustentaria? Será que conseguiria se envolver amorosamente com alguém tendo a família toda dizimada? É importante frisar: tudo isso era fruto de sua mente ansiosa. Nada correspondia à realidade.

> Lançai sobre ele toda a vossa ansiedade, porque ele tem cuidado de vós.
> (1PEDRO 5:7)

Vivemos em uma sociedade tão preocupada com o amanhã que se esquece de viver o hoje. Com medo de perder seus pais, ela deixou de sair com eles. Chegou a deixar de ir ao teatro com a mãe, mesmo com ingressos comprados, porque sentiu medo de ser assaltada. Diante de sua preocupação com o amanhã, esqueceu-se de que seus pais também viviam o agora. O tempo não nos pertence, então controlá-lo, ou ao menos sentir a ilusão de controle, não fará o relógio correr mais devagar. Ao contrário, ele acelera, leva embora experiências perdidas porque o medo fala mais alto do que a confiança na promessa do Senhor: "(...) buscai, pois, em primeiro lugar, o seu reino e a sua justiça, e todas estas coisas vos serão acrescentadas" (Mt 6:33).

Não podemos controlar o relógio, querido leitor; o que podemos é decidir como usufruímos do tempo que o Senhor nos dá. Como você tem passado seu tempo? Preocupando-se, ansioso por coisas fora do seu controle? Tentando acumular riquezas e deixando de lado sua família e sua fé? Ou então sem perspectiva nenhuma para os próximos anos, e por isso vivendo de maneira desleixada?

Avalie sua vida, como o seu relógio na Terra tem batido hora após hora, busque priorizar o que realmente é importante: o dinheiro fica, o corpo fica, a herança material fica. Mas o que é passado para frente é o legado. E como passamos o tempo é o legado de maior valor que podemos deixar diante dos homens em nome de Deus.

Entremos em oração, irmãos, para deixar diante de Deus toda a nossa ansiedade. Que possamos focar no que vem do Senhor, e o resto nos será dado, porque Cristo cuida de nós.

Eu vou legar mais tempo com...

....
....
....
....
....
....
....
....

Minha oração:

....
....
....
....
....
....
....
....
....
....

SEGUNDO LEGADO

ATENÇÃO

Começamos o legado da atenção com uma pergunta: com o que você se importa? No latim, a expressão "importar-se" significa: trazer para dentro. No cristianismo, podemos dizer que se importar significa trazer o outro para dentro do nosso universo e dos nossos valores e prioridades.

Quando você respondeu à pergunta que fiz logo acima, quais foram seus principais pensamentos? O que importa para você é sua família? Sua carreira? Sua saúde? Sua casa? Talvez seu emprego estável e o seu salário.

E com o que você não se importa? Com os problemas de outros países? Com o que os outros pensam? Com o que não faz a menor diferença para você?

Há pessoas que simplesmente não se importam com nada. Não trazem para dentro de si nada que não seja de seu próprio agrado. No mundo dela não cabe mais nada, só ela mesma. É quem constantemente, ao se deparar com um conflito que seja alheio à sua vida, diga: "Isso não é da minha conta".

Ninguém se importou tanto quanto Jesus. Ele se importou em olhar nos olhos de cada um dos discípulos antes de chamá-los para andar com ele. Jesus não se contentou com o raso ao se deparar com a mulher que tocou-lhe o manto e dali saiu poder, mas foi atrás dela, porque ele se importava.

O fantástico em se importar com o outro, em trazê-lo de fora para dentro, é quando você não só se importa, mas se permite importar para o mundo do outro também, assim como Jesus.

Cristo deixou sua glória, entrou no nosso mundo e na nossa realidade. Ele se importou com a nossa condenação, e não resolveu o "problema" do pecado ao nos aniquilar da Terra ou simplesmente fingir que não existíamos. Não. Ele veio ao mundo como homem, se destituiu de seu local celestial para estar entre os homens por mais de 33 anos, e continua se importando comigo e com você, deixando o Espírito Santo para cuidar de nós.

Os próximos devocionais são um convite a você para se distanciar de si próprio e introduzir-se no contexto do outro e trazer o outro para dentro de si, como Jesus nos ensinou. Que os dias seguintes sejam um exercício para aqueles que precisam ser desafiados a se afastar da própria sombra para encarar que há muito mais no mundo do que nossos próprios dramas.

Que Deus abençoe sua leitura.

A GRAÇA DE SER OUVIDO

Um mendigo cego chamado Bartimeu (...) estava sentado à beira do caminho. Quando soube que Jesus de Nazaré estava perto, começou a gritar: "Jesus, Filho de Davi, tenha misericórdia de mim!". Muitos lhe diziam aos brados: "Cale-se!". Ele, porém, gritava ainda mais alto: "Filho de Davi, tenha misericórdia de mim!". Quando Jesus o ouviu, parou e disse: "Falem para ele vir aqui". Então chamaram o cego. "Anime-se!", disseram. "Venha, ele o está chamando!" Bartimeu jogou sua capa para o lado, levantou-se de um salto e foi até Jesus.

MARCOS 10:46-50

Eu evangelizava em uma comunidade carente em Belo Horizonte, quando conheci um jovem fazendo gestos expressivos. Logo percebi que estava tentando se comunicar através da linguagem de sinais, libras. Fiquei completamente sem jeito, pois não sabia como me comunicar com ele. Então passei os 3 meses seguintes em um curso de libras, querendo aprender a falar com ele sobre o amor de Deus.

O jovem Akouo costumava ficar solitário devido às suas limitações (e daqueles ao seu redor que não aprendiam a se comunicar com ele). Certo dia, ele contou que quando criança testemunhou seu pai alvejar sua mãe a tiros, o que gerou, no exato momento, um trauma que o deixou surdo. Ele gritava para que seu pai parasse, mas ele não lhe deu atenção. O pai não se importou com as palavras do filho. A partir dali, a falta de atenção marcaria sua vida.

Lemos em Marcos que Jesus parou para dar atenção a Bartimeu. Diferente da multidão, Cristo não foi indiferente.

> A religião pura e verdadeira aos olhos de Deus, o Pai, é esta: cuidar dos órfãos e das viúvas em suas dificuldades e não se deixar corromper pelo mundo.
>
> (TIAGO 1:27)

O cego foi visto, foi ouvido e foi convidado; esse milagre recebido é tão grande quanto o de voltar a ver.

Legar atenção e importância às pessoas diz respeito a celebrar a religião pura e verdadeira aos olhos de Deus... é cuidar de todos em suas dificuldades (Tg 1:27). Para Akouo, o que era necessário era ser ouvido, que ele recebesse a atenção de uma criança que pede a seu pai para ser vista. Sim, amigo, vamos legar atenção, pois é mais fácil não ouvir que não ser ouvido; melhor não ver que não ser visto.

Esteja atento, pois quem sabe exista hoje, ao seu redor, pessoas que estão à margem de sua atenção, fazendo gestos expressivos, precisando de seus ouvidos e de seu olhar atencioso.

Eu vou legar mais atenção com...

Minha oração:

/ /

TIRE OS SAPATOS

"Não procurem apenas os próprios interesses, mas preocupem-se também com os interesses alheios."

FILIPENSES 2:4

Meu filho José tinha três anos apenas e costumava me receber sempre risonho e carinhoso. Certo dia, porém, ao chegar em casa, o encontrei bem apreensivo. Não entendi o que se passava, mas também não me preocupei em perguntar. No entanto, um gesto dele me chamou a atenção, quando se abaixou aos meus pés forçando-me a tirar os sapatos. No dia seguinte a mesma cena se repetiu, dias depois, novamente. Intrigado, parei para analisar o que acontecia e percebi que sempre me pedia para tirar os sapatos em uma circunstância específica.

Percebi que quando eu chegava em casa sem pressa, a primeira coisa que fazia era tirar os sapatos para brincar com José e Sarah, dando a eles toda a minha atenção. Ouvia as histórias da escola, as piadas "engraçadas" e brincávamos. Todavia, ao chegar às pressas, não tirava os sapatos e dificilmente lhes dava atenção. Lição aprendida! Ao chegar em casa, tiro os sapatos e dou a eles atenção

> Filho meu, preste atenção às minhas palavras; incline o seu ouvido ao que eu disser. Não as deixe escapar das vistas; guarde-as no fundo do coração.
>
> (PROVÉRBIOS 4:20-21)

e importância devidas. Não interessa se ficarei 15 segundos ou 15 dias.

Assim em adultos como em crianças, a falta de atenção e afeto gera isolamento, regulares momentos de tristeza e agressividade. Vivemos hoje a ausência do legado da atenção. O narcisismo é um dos males que acentua a indiferença social, fazendo com que dentre todos, eu me importe apenas comigo mesmo. Ou seja, não legamos atenção os que estão ao nosso redor. O melhor que podemos dar a alguém, somos nós mesmos.

Paulo nos convida a prestar atenção a alguém além de nós mesmos. O que é valoroso para as pessoas ao seu redor, mas você ignora e não dá atenção? Como você pode trabalhar sua mente para que ela se projete em amor ao próximo, e não somente a si mesmo?

Eu vou legar mais atenção com...

....
....
....
....
....
....
....
....

Minha oração:

....
....
....
....
....
....
....
....
....
....

A ARTE DE ANDAR A SEGUNDA MILHA

"Se alguém te obrigar a andar uma milha, vai com ele duas."

MATEUS 5:41

A expressão obrigar, no verso citado, sugere "responsabilizar, impor ou submeter a fazer". Logo, segundo Jesus, se alguém te der a responsabilidade, vá além da obrigação. Fazer só o que é proposto, o que é corriqueiro e solicitado, não há diferencial, não há legado nisso.

Você caminha todos os dias a mesma distância até o trabalho, mas um amigo que está se sentindo sozinho pede companhia, então muda o seu trajeto, sai de sua rotina e caminha o dobro. Isso é se esforçar, é ir além de si mesmo.

A palavra atenção vem de "attendere", que também significa "esticar-se para". Em Mateus 5:41, dar atenção é quase literalmente se esticar. É fazer um nível de esforço que foge ao mínimo que se espera de alguém. A distinta atenção se dá quando fugimos da linha média. Começamos a legar quando esticamos um pouco mais do que o comum, quando somos capazes de nos atentarmos a algo que os demais não atentaram. É andar a segunda milha.

Esticar-se é fazer compromissos que nem sempre são fáceis, como ir assistir ao jogo de futebol do seu filho mesmo quando você tem mil coisas para fazer, porque ele é sua prioridade e é importante para ele. É ficar naquele velório uma hora a mais que os outros, chegar mais cedo na igreja para ajudar a arrumar as cadeiras e saudar os que estão chegando, é parar para saber, honestamente, por que alguém está triste ou feliz.

Mude a pergunta de suas saudações, troque o "tudo bem?", pare com o "E aí, beleza?" e substitua pelo sincero "Como você está?", porque você mostra que realmente quer saber como a pessoa está naquele momento.

Amar é um exercício. Somos criaturas autocentradas, mas devemos olhar para o outro através de Cristo. Para a sociedade, é difícil entender essa atitude, porque vivendo em Cristo, temos prazer em servir. Amar é rotina! Estamos atentando para Deus ao caminhar duas milhas pelo outro, não só porque devemos, mas porque queremos.

> (...) depois de haverdes feito o que vos foi ordenado, dizei: Somos servos inúteis, porque fizemos apenas o que devíamos fazer.
>
> (LUCAS 17:10)

Eu vou legar mais atenção com...

....
....
....
....
....
....
....
....

Minha oração:

....
....
....
....
....
....
....
....
....

TORNO SÓLIDA A VIDA À MEDIDA QUE REPARTO-A ENTRE TODOS

*"Alegrai-vos com os que se alegram
e chorai com os que choram."*

ROMANOS 12:15

Uma sociedade não solidária dificilmente terá solidez em suas relações. A própria palavra "solidário" tem raiz no termo "sólido". Jesus nos ensina a solidariedade quando nos convida a chorar com os que choram e alegrar quando se alegram. Na cultura ocidental, aprendemos erroneamente sobre esse assunto. Retemos a ideia de que é correto auxiliar no alívio da dor e do sofrimento do outro. Assim, nos solidarizamos para alívio da nossa própria consciência por fazer o que é certo e, por isso, nos compadecemos. Mas o Senhor nos mostrou a verdadeira solidariedade tanto na compaixão pelo que sofre quanto na celebração das alegrias e conquistas.

> Ainda que vocês não o tenham visto, vocês o amam; e, apesar de não o verem agora, creem nele e exultam com alegria indizível e gloriosa, pois estão alcançando o alvo da sua fé, a salvação das suas almas.
>
> (1 PEDRO 1:8-9)

Recebi de uma mãe a seguinte mensagem: "Boa tarde. Como sei que você é daqueles que se alegram com as nossas conquistas, segue a última...". O filho dela ganhara um prêmio no Campeonato Estadual de Física. Por vezes é muito mais marcante encontrar com pessoas que celebram nossas virtudes e conquistas, justamente porque somos criados em uma sociedade competitiva. Se o meu concorrente faturar mais do que eu, é sinal de derrota. Então, torcemos para que no próximo mês ele não fature tanto. A alegria do outro nos oprime, como se apenas uma pessoa por vez pudesse ser feliz no mundo.

Uma relação, seja de amizade ou conjugal, se consolida à medida que passa pelas diversas situações da vida, solidarizando-se tanto na dor quanto na alegria. A promessa que os noivos fazem no altar "na alegria ou na tristeza", deve ser mais que uma mera formalidade. É esticar-se pelo próximo e importá-lo para dentro de nossos corações. A importância que damos ao estado de cada pessoa é a liga que torna sólida uma sociedade.

Não pense que é uma tarefa fácil, pois é mais difícil achar quem celebre do que quem se compadeça. Não há sentimento melhor do que a verdadeira alegria pelos filhos de Deus, porque devemos nos alegrar com os que se alegram e também chorar com os que choram. É um legado de confiança poder contar com alguém, na alegria ou na dor, tornando a vida mais sólida e mais leve! Como você pode começar a aplicar isso em sua vida hoje?

Eu vou legar mais atenção com...

....
....
....
....
....
....
....
....
....

Minha oração:

....
....
....
....
....
....
....
....
....
....

TORNO SÓLIDA A VIDA...

IMPORTANTE É IMPORTAR-SE

"Tens compaixão da planta que te não custou trabalho (...), e não hei de eu ter compaixão da grande cidade de Nínive (...)?"

JONAS 3:3

Jonas é um dos personagens mais conhecidos da Bíblia, e o que quero frisar é que mesmo sendo um homem de Deus, Jonas não se importava com a cidade de Nínive. Mas Deus se importava. É comum que não atentemos para o fato de que há pessoas de quem nos esquecemos, mas que são extremamente importantes para Deus.

Pastoreei por 4 anos na comunidade Vilas Reunidas, em Sabará (MG). Lá havia um jovem chamado Luis Alberto, filho de uma zelosa senhora, Margarida Possidônio. Ele havia sido jogador do Cruzeiro na adolescência, mas com 18 anos, ainda novo, caiu no alcoolismo.

Conheci Luis quando ele tinha 34 anos, e o ex-jogador já passava a maior parte do tempo embriagado, quase não tomava banho e se considerava um fardo para sua família. Um dia, o convidei para morar comigo na comunidade vizinha. Fiz regras de que não poderia beber nem fumar em casa, mas não houve um dia sequer nos 5 meses em que esteve comigo que ele não houvesse descumprido as normas.

Eu orava e conversava com ele todas as noites, até que Luis decidiu sair. Disse para mim: "Pastor, todos desistiram de mim, o clube desistiu de mim, todos exceto minha mãe, minha família e você". Ao retrucar que não desistiria dele, Luis respondeu: "Eu sei, mas eu não quero mais decepcionar ninguém".

Ele fez as malas, desceu o morro e voltou para seu quartinho na casa de sua mãe.

Um fato importante é que aquele homem descobriu que havia quem se importasse, assim como a cidade de Nínive tomou conhecimento disso. Isso fez toda a diferença, tanto para um homem, quanto para uma cidade inteira. É fácil nos esquecermos de que as pessoas têm sentimentos muito mais profundos e complexos do que imaginamos. Luis continuava a se maltratar porque também não se importava consigo, mas saber que não era um estorvo mudaria sua situação.

Deus se importa conosco. Ele se importava com o Luis, e que bom que o Luis soube disso em tempo. Somos herança de Cristo, e quem somos nós para não darmos atenção àqueles que ele chamou para serem seu rebanho?

> Sejam fortes e corajosos. Não tenham medo nem fiquem apavorados por causa delas, pois o Senhor, o seu Deus, vai com vocês; nunca os deixará, nunca os abandonará.
>
> (DEUTERONÔMIO 31:6)

Eu vou legar mais atenção com...

....
....
....
....
....
....
....
....

Minha oração:

....
....
....
....
....
....
....
....
....

UM PESO E UMA MEDIDA PARA COM TODOS

"(...) Zaqueu, desce depressa, pois me convém ficar hoje em tua casa. (...) Todos os que viram isto murmuravam, dizendo que ele se hospedara com homem pecador."

LUCAS 19:5-7

Zaqueu era um judeu cobrador de impostos, um publicano, trabalhava para Roma cobrando de seu próprio povo. Amo esta passagem de Lucas, pois se relaciona bem com Deuteronômio 25:13, que diz: "Nas tuas bolsas não terá pesos diversos, um grande ou um pequeno". Podemos ver nas Escrituras a expressão "dois pesos e duas medidas" claramente repreendida. Exercemos certo juízo de importância sobre as pessoas a partir dos nossos próprios conceitos. E esse é um movimento naturalmente humano, mas que não deve ser naturalmente incentivado.

Tempos antes de passar por Jericó, onde encontrou Zaqueu, Jesus havia passado pela coletoria em Cafarnaum e chamado um outro publicano de nome Mateus. A notícia de que o

> Senhor, tu me sondas e me conheces. Sabes quando me assento e quando me levanto; de longe penetras os meus pensamentos. Sabes quando me deito e quando me levanto; de longe percebes os meus caminhos. Sem que haja uma palavra em minha língua, já, Senhor, a conheces toda.
>
> SALMOS 139:1-4

Messias havia acolhido tamanho pecador logo se espalhou. Me permito pensar que, no coração de Zaqueu, uma esperança se acendeu. Se o Cristo foi à casa de Mateus, será que iria à casa de Zaqueu? Sim, e Jesus deixou isso claro ao dizer: Zaqueu, desce depressa, pois hoje será em sua casa.

Fascina neste texto que Jesus se encontrou diversas vezes com líderes religiosos, com doentes, viúvas, crianças e idosos, judeus ou não. E quando ele dá atenção para Zaqueu, mostra que não há dois pesos e duas medidas para o ser humano. Convém a Deus estar próximo de todos nós, seus filhos. Todos temos diante do Senhor oportunidades e chances.

Responder às expectativas não é pesado, é um prazer para ambas as partes. Zaqueu tinha uma expectativa clara de ser visto por Jesus e essa expectativa foi correspondida. E foi prazeroso para Jesus também, porque ele de fato amava Zaqueu. Não há um publicano mais ou menos amado, uma pessoa mais ou menos importante diante de Deus.

Somos todos seus filhos, e não há nada melhor do que receber a atenção de Deus por causa do seu amor, que nos ouve, se estica por nós e se importa conosco.

Eu vou legar mais atenção com...

Minha oração:

UM PESO E UMA MEDIDA PARA COM TODOS

OLHAR

"Venha da tua presença o julgamento a meu respeito; os teus olhos veem com equidade."

SALMOS 17:2

Durante meu ministério, sempre trabalhei com ONGs e tive o foco em plantar igrejas. Confesso a você que, diante de tamanho foco exterior, acabei negligenciando a igreja local. Reconheço falhas que cometi com a igreja, e esta é a história de uma delas.

Ao encerrar uma agradável celebração dominical na IBN-Sorriso, uma jovem mãe me procurou e questionou: "Vocês não veem?". Não entendi bem a que se referia, mas ela deu sequência à prosa. "Não percebem que não há cadeiras adequadas para mulheres gestantes como eu? Que tenho uma criança especial, cadeirante, e que não há lugar apropriado no estacionamento para nós?".

Não, eu não havia observado. Não me atentei ao fato de que havia crianças com autismo, síndrome de down, cadeirantes, deficientes auditivos, adultos não alfabetizados e tantas outras necessidades especiais. O teto de vidro caiu sobre minha cabeça. "Filha", eu disse, "você está certa". Ela era pedagoga fazendo especialização em educação para crianças portadoras de

> Os cegos veem, os coxos andam, os leprosos são purificados, os surdos ouvem, os mortos são ressuscitados.
>
> (MATEUS 11:5)

necessidades especiais. Diante disso, sorri e disse: "Se Deus colocou isso no seu coração, você vai encabeçar uma solução para isso".

Nascia ali o Ministério Olhar, por causa do olhar amoroso e cuidadoso de cada integrante da equipe. Fui falho e não olhei devidamente para aqueles ao meu redor. Foquei tanto em mudar o mundo lá fora que esqueci do mundo inteiro dentro de nossa comunidade.

Isso é a prova de que, na vida cristã, ainda que busquemos ser o mais parecido com Jesus, ainda teremos tropeços. Uma vida atenta ao próximo é tão importante quanto a oração e devoção do cristão.

Ao fim do sétimo dia de devocional, o que foi diferente durante a sua semana? Quais pontos de melhora você analisou? Leve-os diante de Deus em oração e anote-os. Daqui algum tempo, quer dias ou meses, volte para ler e veja como sua vida mudou ao esticar-se mais diante daqueles amados por Deus.

Vamos orar juntos, leitor, para que deixe suas vestimentas do conforto autocentrado para trás e olhe para aqueles ao seu redor com o amor e atenção que Cristo nos legou. Não feche os olhos e ouvidos para quem tanto acena e grita por sua amorosa atenção. Amém.

Eu vou legar mais atenção com...

....
....
....
....
....
....
....
....
....

Minha oração:

....
....
....
....
....
....
....
....
....
....

OLHAR

TERCEIRO LEGADO

TESTEMUNHO

O que você entende por testemunho? Testemunhar é fazer o possível para conservar os princípios do Reino de Deus, é não negociar os seus valores a troco de nada, por mais difícil que seja. Dar testemunho é ser honesto, mesmo quando você vai ser prejudicado por isso.

Veja bem, dar testemunho da vida cristã não é fácil; viver o evangelho é mais desafiador que pregar o evangelho. Dar seu testemunho é a combinação da boca que dá glórias a Deus e age imitando a Cristo, que é o significado de ser cristão. A expressão grega "martírius" vem traduzida para nós como testemunho. Mas também conhecemos o mártir como aquele que é capaz de sofrer e morrer pelo que acredita.

O legado do testemunho é, assim como os outros que vimos até agora, sobre como você vive e pelo que é capaz de morrer. Viver como um mártir não significa exatamente sofrimento ou morte, mas sim viver mortificando a si mesmo e a sua natureza em prol de Cristo.

Testemunhamos ao dar sequência ao que foi uma vez estabelecido por Deus. O Senhor deu a base, a rocha, que é sua Palavra. Ao seguirmos seus mandamentos, nos apoiamos em Cristo e damos continuação ao que aprendemos com sua vida.

A Bíblia é também uma grande demonstração de testemunho de homens e mulheres que viveram de acordo com os preceitos divinos. De Abraão, o pai da fé, até Moisés, que deixou os Dez Mandamentos para o povo de Deus; até a rainha Ester, que se lembrou de seus antepassados e deixou um legado de esperança para o povo de Israel; até Paulo e seus ensinamentos para a igreja.

Mas, principalmente, nosso maior testemunho a ser seguido é o de Jesus Cristo. Ele, que é o próprio Deus, nunca negociou os princípios divinos que regem o mundo desde o Gênesis.

Por isso, o convite nestes próximos dias é que você reflita sobre quais testemunhos você dá diariamente na sua vida para seus filhos, sua família, seus amigos, no seu trabalho e na sua igreja. Você tem vivido e falado como alguém que honra a Deus ou aos homens? Qual legado você gostaria de deixar ao mundo?

SOBRE OS JOELHOS

"Por esta causa, me ponho de joelhos diante do Pai (...) e, assim, habite Cristo no vosso coração, pela fé, estando vós arraigados e alicerçados em amor, a fim de (...) conhecer o amor de Cristo, que excede todo entendimento, para que sejais tomados de toda a plenitude de Deus."

EFÉSIOS 3:14-19

Quando Josi e eu nos casamos, nossa condição financeira era bem precária, típica de recém-casados. Minha esposa é mineira raiz: muito próxima da família, não costumava se afastar muito dos pais. Eu sou nordestino, filho de nordestinos, e queremos "desbravar o mundo", somos muito "desprendidos". É uma questão cultural e obviamente pode variar de família para família.

Na primeira semana de casados, já morando em nossa nova casa, cheguei depois do trabalho e entrei procurando minha esposa, mas não a encontrei. A casa não era grande, então não tinha muito onde procurar. Ouvi alguns barulhos, pareciam gemidos ou miados de gato. Voltei à sala e Josi estava de joelhos ao lado do sofá, chorando. Ela ficou ali por horas. No outro dia, quando cheguei, lá estava ela novamente, ajoelhada e orando. Por muitas vezes a encontrei assim. Eu pensava que ela estava sofrendo pela distância dos pais ou por causa de nossas condições financeiras, mas me enganei.

Na época, eu já pastoreava, mas não entendia o peso, a força e o comprometimento da oração.

Tiago 5:16 diz que "muito pode, por sua eficácia, a súplica do justo". Ela clamava pela nossa família, pelo ministério da igreja. Ela mantinha os joelhos na rocha em oração enquanto eu saía para pregar. Eu aprendi com o testemunho da minha esposa. Ela não precisou me pedir para orar ou sentar comigo para ler o texto bíblico a fim de me fazer entender que a oração era parte crucial da jornada cristã. Hoje sei que o Senhor ouviu e respondeu às orações dela.

> Peçam, e lhes será dado; busquem, e encontrarão; batam, e a porta será aberta para vocês.
>
> (MATEUS 7:7)

Enquanto a palavra é fundação, os joelhos são cobertura. Lembre-se de que o testemunho não é da boca para fora, ele é vivência, é colocar em prática. Na construção da vida cristã, é importante que nossos familiares e amigos nos vejam ativos na legítima prática da vida cristã.

Sua família te vê orando e lendo a Bíblia? Eles veem o fruto dos milagres das orações que vocês fizeram juntos?

Eu vou legar mais testemunho com...

_____
_____
_____
_____
_____
_____
_____
_____
_____

Minha oração:

_____
_____
_____
_____
_____
_____
_____
_____
_____
_____
_____

SOBRE OS JOELHOS

11

A LENDA

"Distribui, dá aos pobres; a sua justiça permanece para sempre, e o seu poder se exaltará em glória."

SALMOS 112:9

Minha avó morava na mesma casa em que minha mãe mora hoje; e um lugar que é passado de geração em geração guarda muitas histórias. Anos atrás, fui visitar minha mãe e, ao chegar, precisei cortar o cabelo. No salão, a senhora cabeleireira engajou numa conversa comigo e me fez diversas perguntas, até indagar: "Você é neto de dona Mariana?". Eu disse que sim. Ela respondeu: "Meu filho, sua avó é uma lenda!".

Dona Mariana começou a morar naquela vizinhança nos anos de 1960. E desde aquela época, quando o caminhão do lixo passava na rua, vovó costumava levar uma jarra de suco, um copo d'água e às vezes uma caixinha para os trabalhadores.

Ela sempre fez questão de abençoar quem pudesse e com os recursos que tivesse, quer monetários ou não. Vovó parava para ouvir qualquer um que a abordasse na rua, e ela nunca ajudava com dinheiro sem antes conversar com as pessoas para conhecê-las.

Os vizinhos viam o que minha avó fazia e passaram a imitá-la, talvez porque a vissem como

> Falou-lhes Jesus outra vez, dizendo: Eu sou a luz do mundo; quem me segue não andará nas trevas; pelo contrário, terá a luz da vida.
>
> JOÃO 8:12

um exemplo a ser seguido, talvez porque sequer imaginavam que ajudar os garis era uma opção ou por perceberem que viver para abençoar outras pessoas vale a pena.

Hoje em dia, naquela mesma rua, a comunidade se reúne no Natal para fazer grandes cestas para os garis. É uma tradição. E tudo começou com a "lenda" e sua vontade de seguir os passos de Jesus através da doação de tempo, amor e dinheiro. Um testemunho vivo do que é uma vida cristã.

Este devocional em si é uma maneira que achei de honrar seu testemunho, de mostrar a você, leitor, que servir a Deus é servir às pessoas ao nosso redor também.

O salmista nos relembra que a honra vem do testemunho, que a justiça é creditada como fé àqueles que creem no Senhor e vivem de acordo com seus preceitos. Em sua rotina, que atitudes, por menores que pareçam, podem demonstrar o Espírito de Deus que vive em você? E quais ações você pode começar a tomar para ser mais como Jesus?

Eu vou legar mais testemunho com...

Minha oração:

SE VALE LEMBRAR NO CÉU, VALE CONTAR NA TERRA

> "Perguntou ainda o Senhor a Satanás: Observaste o meu servo Jó? Porque ninguém há na terra semelhante a ele, homem íntegro e reto, temente a Deus e que se desvia do mal."
>
> JÓ 1:8

Quando Deus diz "observaste meu servo Jó?", ele parece um pai orgulhoso que quer contar aos outros que o filho passou na prova mais importante do ano, que ele fez um gol. Como quando uma criança diz as primeiras sílabas e o pai diz: "Meu filho é impressionante! Já é poliglota". Deus menciona com alegria personalidades fora do comum que são testemunhas vivas dos seus mandamentos.

Um bom testemunho não ecoa só na terra, ecoa no céu e na eternidade também. Isso possui um peso gigante diante do Senhor, o peso de galardão, de fé e de honra por parte de Deus. Não é um peso de salvação, claro, porque esta é dada somente pela fé em Cristo Jesus, mas de galardão, sim.

> Assim brilhe também a vossa luz diante dos homens, para que vejam as vossas boas obras e glorifiquem o vosso Pai que está nos céus.
>
> (MATEUS 5.16)

Até o momento, pessoas como Abraão, Moisés, Jó e tantas outras, inclusive mencionadas nesse livro foram e são testemunho vivo de Cristo. Aqueles que se entregam diante do Senhor e proclamam seu nome, sem titubear, têm seus nomes ecoados na eternidade.

Deus é fiel para com aqueles que creem em seu nome, que vivem o evangelho e botam a mão no arado sem olhar para trás, que seguem firmes e de olhos fitos no autor e consumador da fé.

O que fazemos ecoa na terra também. Seu legado, sua vida em Cristo, é o que ficará para os que permanecem aqui até o dia de suas partidas. A vida cristã é um constante legar, é a carta viva e a mensagem de esperança. Nossas ações de fé refletem a salvação que nos foi dada por Cristo e podem ser legadas a outras pessoas através do nosso testemunho.

Como você acha que Deus te vê? Como um filho que busca dar o seu melhor para imitar os passos do Pai? Como um filho rebelde, que é inconstante e perdido? Ou talvez como um filho perdido, que precisa ser reencontrado nos braços do Pai? Nunca é tarde para retornar ao Pai, sempre é tempo de melhorar a relação com o Senhor e ser motivo de satisfação para Deus.

Eu vou legar mais testemunho com...

....
....
....
....
....
....
....
....
....

Minha oração:

....
....
....
....
....
....
....
....
....

CONSERVADORES

"Portanto, assim diz o Senhor Deus: Eis que eu assentei em Sião uma pedra, pedra já provada, pedra preciosa, angular, solidamente assentada; aquele que crer não foge."

ISAÍAS 28:16

Tive uma grata experiência com Deus no Muro das Lamentações, em Jerusalém, quando comecei a me interessar pelo tema legado. Perguntei ao guia que nos conduzia na viagem sobre a diferença expressiva que observei entre as pedras que estavam na base do muro, vistas nas escavações do "Túnel Kotel", em relação às que se viam na parte superior do Muro.

Gabi, como era chamado o guia, disse que a base era feita de pedras do primeiro templo, e que as de cima eram pedras do segundo e terceiro templo. Disse que não interessava quantas vezes o Templo tivesse que ser reconstruído, ele sempre seria reerguido sobre o mesmo e antigo alicerce; os fundamentos não mudam.

É importante que entendamos isso, que a primeira palavra das Escrituras Sagradas é "princípio", cuja raiz primitiva é "ro'sh", que também dá origem no latim a "rocco", a "rocher" em francês, "rock" no inglês e "rocha" no português. Deus não fez nada sem princípio ou sem fundamento.

João 1:2-3 diz que Jesus "estava no princípio com Deus. Todas as coisas foram feitas por intermédio dele, e, sem ele, nada do que foi feito se fez". Jesus é a rocha, a pedra angular.

Isso fez todo sentido para mim, pois Deus me levou a entender que eu devo viver pautando minha vida nos seus princípios, no esquadro e no ângulo da Rocha que é Cristo. Começamos negócios, amizades e casamentos de qualquer jeito, sem fundamento e sem legar testemunhos perpétuos. Meu irmão, não convém que seja assim.

Quando se fala que a igreja de Cristo é muito conservadora é um fato. E por quê? Porque foi ordenado a nós cultivar e guardar; cultivar a cultura do Reino onde estivermos e conservar o que já estava estabelecido desde o princípio. Proteger e guardar o que realmente tem valor no Reino de Deus. A nação de Israel nos serve de modelo nesse aspecto. Um povo que há milhares de anos continua conservando os marcos antigos, geração após geração. Conservam seus valores, seus princípios, sua cultura. Esse é o papel maravilhoso da igreja de Cristo na terra. Estabelecer a cultura e conservar os marcos antigos, esse é o testemunho e o legado da igreja.

> Mantenha com fé e amor em Cristo Jesus a boa doutrina que você ouviu de mim. Pela ajuda do Espírito Santo que habita em nós, guarde o precioso depósito que foi confiado a você.
>
> (2 TIMÓTEO 1:13-14)

Eu vou legar mais testemunho com...

....
....
....
....
....
....
....
....

Minha oração:

....
....
....
....
....
....
....
....
....

DEIXANDO MARCAS
NO CAMINHO

"Estes sinais hão de acompanhar aqueles que creem"

MARCOS 16:17

Cresci no interior do estado de Rondônia, com hábitos típicos da região, como caçar e pescar. Meu pai me levava nas caçadas desde meus 5 anos. Dentre seus "rituais" de caça, ele costumava pegar um facão e entrar sozinho na mata no início da tarde para fazer uma trilha. Marcava as árvores e os arbustos com pequenos cortes de facão, picadas, que, à noite, na caminhada, nos serviriam de referência. No fim da tarde, com a trilha concluída, ele retornava.

Ao anoitecer entrávamos na trilha seguindo as picadas ou marcas nas árvores. Caminhávamos com segurança na escuridão da noite, pois tínhamos como nos guiar nas picadas. Não havia como nos perdermos. Dessa prática surge o termo "o fim da picada". A última marca era o ponto além do qual não passaríamos.

O testemunho cristão é trilhar os seus caminhos tendo por referência as pegadas de Cristo. No texto de João 3, lemos que Nicodemos faz perguntas a Cristo sobre sua divindade com curiosidade genuína, porque ele acompanhou os sinais, ele analisou as marcas do testemunho

> Quanto ao mais, ninguém me moleste, pois trago em meu corpo as marcas de Jesus.
>
> (GÁLATAS 6:17)

de Cristo. "Este, de noite, foi ter com Jesus e lhe disse: Rabi, sabemos que és Mestre vindo da parte de Deus; porque ninguém pode fazer estes sinais que tu fazes, se Deus não estiver com ele." (Jo 3:2).

Paulo disse levar consigo as marcas de Cristo, mais que cicatrizes, uma alusão às marcas do caminho. Sede pois meus imitadores, como eu sou de Cristo, disse ele. Uma vida que vale ser imitada deve deixar um trilho para que os demais possam seguir.

Qual a importância dessa marca? Não nos perdermos no caminho, porque numa noite sem lua, não temos referência para onde estamos caminhando. A nossa maior referência é Cristo, devemos seguir a marca do testemunho dele e deixar nossas próprias marcas à semelhança dele.

Deixe a marca de Cristo no caminho da sua vida, deixe princípios, conceitos, testemunhos, mostre ao mundo a quem você segue. A jornada com Cristo é legada para quem fica após nossa partida. Por isso, mostre às pessoas ao seu redor o verdadeiro caminho do Senhor. Se é para viver uma vida marcante, então, que estas marcas apontem para Cristo.

Eu vou legar mais testemunho com...

....
....
....
....
....
....
....
....

Minha oração:

....
....
....
....
....
....
....
....
....
....

O BASTÃO LUMINOSO

"Se abrires a tua alma ao faminto e fartares a alma aflita, então, a tua luz nascerá nas trevas, e a tua escuridão será como o meio-dia."

ISAÍAS 58:10

Nas pistas dos grandes aeroportos existe uma pessoa que se movimenta de forma solitária orientando pequenas e grandes aeronaves; é o indispensável balizador. Segurando dois bastões luminosos, ele os movimenta em uma linguagem universal. Gosto de vê-los atuando e decidi fazer algo parecido no estacionamento da igreja. Compramos dezenas de bastões para o ministério Esquadrão, que atua recepcionando pessoas na rua e no estacionamento. Nossos balizadores orientam a estacionar e a atravessar as avenidas, além de serem bons guardiões.

Sinto-me extremamente bem dentro daquele colete amarelo, servindo as pessoas que chegam para celebrar a Cristo. Faço isso há 14 anos, e meu filho, Heitor, cresceu vendo. Ele me vê servindo dentro e fora do auditório da igreja, pregando, orando, aconselhando ou balizando com os bastões luminosos. Parece que isso chamou a atenção dele, pois, desde os 9 anos de idade, coloca o colete amarelo, toma os bastões e um guarda-chuva para ajudar idosos e crianças a atravessarem a rua.

Falando em testemunho, lembro-me dos bastões. As pessoas vão observar a luz de Cristo em sua vida para se balizar. Seus filhos, família e amigos veem quem você é, e como age. João Batista disse que ele não era a luz, mas dava testemunho da luz. Sim, caro leitor, temos a responsabilidade de dar testemunho, como quem acena com os bastões à essa geração.

Guiamos uns aos outros, é inevitável, mas podemos fazê-lo intencionalmente. Você não precisa de uma grande posição social para isso, precisa apenas se posicionar. Devemos estar atentos não somente a como guiamos, mas também a como somos guiados.

É necessária uma consciência forte e firmada nos princípios de Cristo para não cair nas falácias do mundo, nem desviar do caminho e do testemunho de Jesus. É pelo testemunho de Cristo que nós entendemos o que vem de Deus e o que não vem. Ele pode te ajudar a discernir os caminhos. Seu testemunho cristão será seu maior legado; então coloque o colete amarelo, acenda os bastões e vamos servir a essa geração.

> (...) assim também em Cristo nós, que somos muitos, formamos um corpo, e cada membro está ligado a todos os outros. Temos diferentes dons, de acordo com a graça que nos foi dada.
>
> (ROMANOS 12:5-6)

Eu vou legar mais testemunho com...

....
....
....
....
....
....
....
....

Minha oração:

....
....
....
....
....
....
....
....
....
....

CURRICULUM VITAE

"Crede-me que estou no Pai, e o Pai, em mim; crede ao menos por causa das mesmas obras. Em verdade, em verdade vos digo que aquele que crê em mim fará também as obras que eu faço e outras maiores fará, porque eu vou para junto do Pai."

JOÃO 14:11-12

O grande registro das suas qualificações e sua história estão organizadas numa página de papel que chamamos de currículo. Ali, você expressa todas as suas conquistas e suas ações para se destacar e merecer uma vaga de emprego.

O que Jesus diz no texto de João é que, por mais que ele falasse, nem sempre as pessoas o ouviam. Mas se elas não queriam ouvir, que cressem pelo menos no currículo dele, nas obras que fazia. Até o momento, falamos muito sobre testemunho como ações, como modo de vida. O ser humano tem sua existência contada por Deus e o que fazemos com nosso ínfimo tempo não acaba somente aqui, mas ecoa na eternidade.

Para que você não se esqueça do seu testemunho, anote neste livro o seu "currículo cristão".

> Não importa o que aconteça, exerçam a sua cidadania de maneira digna do evangelho de Cristo, para que assim, quer eu vá e os veja, quer apenas ouça a seu respeito em minha ausência, fique eu sabendo que vocês permanecem firmes num só espírito, lutando unânimes pela fé evangélica.
>
> (FILIPENSES 1:27)

Talvez possa ser momentos em que você sentiu e viveu o amor de Cristo como nunca; palavras da Bíblia que são um incentivo em dias de fraqueza; ou momentos de importante repreensão para sua caminhada.

Ao anotar, releia com calma cada situação que você escreveu e as coloque em oração. Leve para o Senhor o que aflige seu coração, como você tem vivido e como seu testemunho tem sido legado na terra.

Que os versículos de Filipenses 1:27-30 sejam guias no seu coração: "Não importa o que aconteça, exerçam a sua cidadania de maneira digna do evangelho de Cristo, para que assim, quer eu vá e os veja, quer apenas ouça a seu respeito em minha ausência, fique eu sabendo que vocês permanecem firmes num só espírito, lutando unânimes pela fé evangélica, sem de forma alguma deixar-se intimidar por aqueles que se opõem a vocês. Para eles isso é sinal de destruição, mas para vocês, de salvação, e isso da parte de Deus; pois a vocês foi dado o privilégio de não apenas crer em Cristo, mas também de sofrer por ele, já que estão passando pelo mesmo combate que me viram enfrentar e agora ouvem que ainda enfrento". Amém.

Eu vou legar mais testemunho com...

Minha oração:

QUARTO LEGADO

HONRA

O que você entende por honra? Talvez como sinônimo de orgulho e de grandeza. A honra está presente em um dos maiores Mandamentos da Bíblia: "Honrai pai e mãe". Dar honras é respeitar, é valorizar, é seguir os passos. Em outras palavras, honrar é continuar o legado deixado por aqueles que vieram antes de nós. Não devemos honrar apenas aqueles que estão entre nós, mas também os que já se foram.

Conheci um pastor em Belo Horizonte que deixou todos os livros, pesquisas e pregações que ele escreveu e coletou ao longo da vida para os outros pastores da sua igreja. Ele só dizia para não estragarmos as mensagens, para dar créditos e referenciar os autores citados nos textos. Reconhecer também é honrar os outros.

Devemos viver de forma honrada, digna e justa. Quando eu trabalhava com auxílio a famílias em Belo Horizonte, subíamos o morro com cestas básicas para entregar àqueles que eram selecionados pelo programa. Um dia, eu e um outro jovem estávamos a caminho para entregar uma cesta. Paramos na frente da casa indicada, e ali estavam um homem, o pai, e suas duas filhas pequenas. Ele, então, começou a chorar. "Isso é muito difícil pra mim, porque eu não queria que minhas filhas me vissem precisar de ajuda", foi o que ele disse. Eu disse a ele: "A sua honra não está em ter o suficiente ou não, a sua honra está nesse coração que suas filhas veem. Você é nobre por causa disso, não por ter mais ou menos recursos. Você é digno".

Viver de forma honrada é viver de forma digna do nome e papel que você exerce como parte da família de Deus na Terra.

Este legado de honra é também um legado de gratidão e reconhecimento, que caminham lado a lado com a honra. Que nos próximos dias você celebre as pessoas ao seu redor, que enxergue a obediência, o zelo e o cuidado necessários para ser uma pessoa honrada.

A honra não é herança, não é material. É legado. Só podemos honrar os outros enquanto vivemos. Legamos a honra para que os que venham depois de nós continuem este legado de reconhecimento, amor, gratidão e dignidade.

Que nos próximos dias o seu coração esteja pronto para honrar a Deus e ao próximo, para a honra e glória do Senhor Jesus.

QUESTÃO DE HONRA

"Depois dele, Eleazar, filho de Dodô, filho de Aoí, entre os três valentes que estavam com Davi, quando desafiaram os filisteus ali reunidos para a batalha. Quando os filhos de Israel já se haviam retirado, ele se levantou e atacou os filisteus, até lhe cansar a mão e ficar grudada na espada. Naquele dia, o SENHOR efetuou grande livramento, e o povo voltou para onde Eleazar estava somente para pegar os despojos."

2 SAMUEL 23:9-10

Dentre os fatos das Sagradas Escrituras, um em especial me chama muito a atenção. Samuel conta que havia um valente que lutava ao lado do rei Davi e cujas virtudes sobressaíam à maioria no exército, e seu nome era Eleazar.

Nesta batalha, Deus nos apresenta o princípio memorável de honra. Eleazar decidiu não acompanhar o exército de Israel ao abandonarem a batalha contra os filisteus, ele optou por lutar, mesmo que sozinho, contra todo um exército. O texto chega a dizer que o fez com tanta determinação e vontade que a espada e a mão "se fundiram". Soldado e espada passaram a ser um só.

O que pode ter motivado Eleazar? A vontade de vencer ou até mesmo a paixão pelo dever cumprido com honra? Ouso dizer que foi pelo legado da honra. Na cultura da época, um soldado que fugisse do combate perdia sua honra. Para fugir, precisavam abrir mão do escudo, um objeto que, pelo peso, era abandonado no campo de batalha. Era honroso ao valente retornar para os seus e pendurar seu escudo na parede de sua

> Em todas as situações, levantem o escudo da fé, para deter as flechas de fogo do maligno.
>
> (EFÉSIOS 6:16)

sala. Aos olhos dos filhos e dos amigos, ali estava um homem virtuoso, corajoso e honrado. Paulo diz a Timóteo: "Combati o bom combate, completei a carreira, guardei a fé" (2Tm 4.7). Fé essa que ele mesmo comparava ao escudo — "erguendo sempre o escudo da fé (...)" (Ef 6:16).

Pela fé podemos crer que Deus ajuda os seus a viver de modo honrado e honrando aos outros. Assim como Eleazar, em nossas batalhas, nas idas e vindas, que por onde passarmos, possamos erguer o escudo da fé. O texto demonstra que é melhor uma morte legando honra do que uma vida não honrosa. Mais honroso tombar na guerra que chegar em casa sem legado. Deus honra a quem honra.

Eu vou legar mais honra com...

Minha oração:

ABRINDO A PERFUMARIA

"Mas Jesus (...) lhes disse: Por que vocês estão incomodando esta mulher? Ela praticou uma boa ação para comigo. Porque, derramando este perfume sobre o meu corpo, ela o fez para o meu sepultamento. Em verdade lhes digo que, onde for pregado em todo o mundo este evangelho, também será contado o que ela fez, para memória dela."

MATEUS 26:10,12-13

Era a semana que antecedia a Páscoa. A nação inteira se preparava para celebrar. Famílias se reuniam, convidados chegavam e cordeiros eram preparados. Dias memoráveis e muito aguardados. Em Betânia, uma família em especial recebia um ilustre convidado.

Tudo seria perfeito, se não fosse o fato daquela casa ser alvo de perseguição, pois os religiosos buscavam a Jesus para tirar-lhe a vida. Então, quase como se pressentisse o porvir da morte de Jesus, Maria tomou seu bem mais precioso, um vaso de alabastro com caríssimo perfume, e o quebrou aos pés de Jesus, enchendo a casa de agradável fragrância (Jo 12:1-8).

> (...) para que todos honrem o Filho, da mesma forma que honram o Pai. Aquele que não honra o Filho, não honra o Pai que o enviou.
>
> (JOÃO 5:23)

Culturalmente, o processo para o sepultamento dos mortos entre os judeus exigia higienizar, perfumar e envolvê-los em faixas antes de o sepultarem. Contam as Escrituras que José de Arimateia e Nicodemos fizeram isso com o corpo de Jesus, a fim de honrá-lo depois de sua morte (Jo 19.38-42). Mesmo sendo uma expressão de honra, era uma dura e dolorosa tarefa para quem se despedia da pessoa amada.

A honra deve ser praticada a todo tempo, mas dar honrarias em vida é inigualável. É possível que Maria tenha sentido dor profunda ao higienizar e perfumar seu irmão Lázaro por ocasião de sua morte. Por certo, ela teria preferido honrá-lo presencialmente, com vida. Sendo assim, sem aperceber-se, dá glória e honra a Jesus em vida. Deu o melhor de si; o que visivelmente o agradou.

Honrar é legar, é gerar memórias eternas. Jesus fez questão de cumprir o ensinamento, a quem honra, será honrado, ao prometer que seria "contado o que ela fez, para memória dela". O verdadeiro desperdício é usarmos os melhores perfumes ou atributos em causa própria, a fim de autopromoção e "marketing pessoal". Surpreenda alguém, "quebre tudo", não economize nem deixe nada para amanhã. "Quebre-se" e honre os seus amados, se possível, publicamente. Reconheça-os, celebre-os, ofereça-lhes flores em vida e encha o ambiente com fragrâncias de sua perfumaria.

Eu vou legar mais honra com...

....

....

....

....

....

....

....

....

Minha oração:

....

....

....

....

....

....

....

....

....

HONRAR PAI E MÃE É APROFUNDAR AS RAÍZES

"Honra a teu pai e a tua mãe, como o Senhor, teu Deus, te ordenou, para que se prolonguem os teus dias e para que te vá bem na terra que o Senhor, teu Deus, te dá."

DEUTERONÔMIO 5:16

Dentre os Dez Mandamentos, o único com promessa é este: "Honrai pai e mãe". Acredito nas promessas de Deus, creio que ele não fala sem estar determinado a cumprir suas palavras. Quem não honra pai e mãe, não honra a Deus. Como conseguiria amar a Deus se não consigo amar meus pais, meus irmãos, em vida?

Muitos sonham com a vida longa, mas a buscam com mesquinharias, dinheiro desperdiçado em elixires da vida e todo o tipo de bobagem mundana que não pode suprir a mão daquele que é o único que controla todo o tempo: Deus.

Como você tem vivido seus dias? Como você honra seus pais ou aqueles a quem deve respeito? Convido você, irmão, a ter uma vida longa. Que Deus olhe e diga: "Vale a pena estender seus dias, você vive de modo honrado".

O propósito é muito maior do que ter longos e números dias. É realmente honrar cada dia que você vive. É entender que sua existência pode ser abençoada, que cada segundo nesta Terra não deve ser desperdiçado.

Nossos pais lançaram raízes na terra, que são os filhos. Os filhos são a herança do Senhor, recompensa que ele dá. E existe uma expectativa dos pais acerca dos filhos, isso é normal, que eles sejam mais bem-sucedidos, que tenham uma boa vida, que sejam mais felizes. Todo bom pai quer que seus filhos vivam uma vida melhor que a dele, e por isso se esforça tanto. Os pais sempre vão querer que seus filhos tenham raízes profundas.

Árvores com raízes longas e profundas costumam ser mais fortes e duram mais tempo. Quem honra pai e mãe está estendendo suas raízes. E não é por mérito dos meus pais que eu os honro, mas por obediência e zelo a eles; e principalmente a Deus. Se seu pai não for bom aos seus olhos, honre-o, faça melhor. Honrar é também pegar o que é bom ou ruim e transformar em algo melhor.

Você tem honrado seus pais e sua família? Como você demonstra em ações as raízes deixadas por aqueles que te deram a vida?

> Ele é como a árvore plantada junto a corrente de águas, que, no devido tempo, dá o seu fruto, e cuja folhagem não murcha; e tudo quanto ele faz será bem-sucedido.
>
> (SALMOS 1:3)

Eu vou legar mais honra com...

Minha oração:

HONRAR PAI E MÃE É APROFUNDAR AS RAÍZES

/ 11 /

AÇÃO DE GRAÇAS

"Semeia pela manhã a tua semente e à tarde não repouses a mão, porque não sabes qual prosperará; se esta, se aquela ou se ambas igualmente serão boas."

ECLESIASTES 11:6

Na época do seminário interno eu vivi períodos de muita escassez e até mesmo de fome. Dias que você espera que seus filhos nunca vivam ou passem. Estudava em tempo integral e não tinha como conseguir um emprego. Por passar dias sem me alimentar, cheguei ao ponto de ter que comer alimentos vencidos, que os mercados jogam fora. Tempos difíceis. Eu chegava a passar dois dias sem comer nada por falta de dinheiro.

Um dia, no início da tarde, eu estava faminto. Então ouvi a tia Custódia gritar: "Ô, Bezerra! Você não veio almoçar hoje, veio?"; ela era a proprietária do refeitório. Eu tentei desconversar, porque era muito orgulhoso. Ela disse que havia separado um prato de comida para mim. Tentei negar que não almoçara, mas ela praticamente me arrastou para dentro da cozinha.

Naquele dia, ela me disse: "Sei que você dá seu jeito de se alimentar, mas quero que todos os dias, antes de eu servir o almoço, você venha para cá e almoce comigo e com minha equipe. Eu quero te abençoar". A partir disso, eu passei a comer com a tia Custódia todo dia. Ela não me conhecia bem, mas mesmo assim quis abençoar a minha vida. Desde então, nunca mais passei fome naquele lugar.

Isso aconteceu no ano de 1998, e até hoje tenho prazer em visitar a tia Custódia quando vou a Belo Horizonte. Ela deixou em minha vida o legado da atenção, o que me dá a oportunidade de replicar a ela o legado da honra. Sinto que todas as vezes que abençoo alguém, eu honro a graça que me foi concedida por ela. Honrar não é pagar a graça, é reconhecer a graça. Ela semeou, sem saber quais daqueles alunos "dariam certo", seu critério não era o mérito de quem recebia, e sim a graça do coração que oferecia.

> Porque a graça de Deus se manifestou salvadora a todos os homens.
> (TITO 2:11)

Este devocional é uma ação de graças. A quem honra, devemos honra, nos ensinou o Senhor. Na sua vida, amigo leitor, há pessoas que te agraciaram. O que acha de prestar-lhes honra? Não como uma ajuda em troca de outra, mas para valorizar as memórias. Reflita com calma e entregue seus pensamentos e orações diante de Deus, o Senhor vai te direcionar.

Eu vou legar mais honra com...

....
....
....
....
....
....
....
....

Minha oração:

....
....
....
....
....
....
....
....
....
....

AÇÃO DE GRAÇAS

CELEBRE

"Amai-vos cordialmente uns aos outros com amor fraternal, preferindo-vos em honra uns aos outros."

ROMANOS 12:10

As embarcações eram o principal meio de transporte na antiguidade. E até hoje existem. Na Idade Média, diziam que as margens dos rios marcadas pelas quilhas das embarcações eram lugares importantes, porque muitos navios e barcos atracavam ali. Quando se navegava pelos rios Nilo, Tigre e Eufrates, entendiam que lugares muito marcados pelas quilhas eram comunidades importantes ou que alguma celebridade morava ali. Disso surge a expressão celebrar, ou seja, marcar. Quanto mais marcada a margem, mais importante era aquele lugar ou a pessoa que habitava ali.

Entendo que precisamos legar honra celebrando as pessoas. O autor cristão John Maxwell diz que uma das características de um líder é sua capacidade de celebrar as pessoas e promovê--las sem que isso gere insegurança. Somente líderes seguros fortalecem a outros.

Em 20 anos de ministério nunca tivemos uma crise de liderança na igreja. Por que será? Porque os membros não verão um de nós ferindo a imagem do

> E tudo o que fizerem, seja em palavra, seja em ação, façam-no em nome do Senhor Jesus, dando graças a Deus Pai por meio dele.
>
> (COLOSSENSES 3:17)

outro. Se tivermos que falar algo, será para marcar, celebrar, uns aos outros no coração da igreja de forma honrosa. Levamos isso para dentro da comunidade. Gostamos de celebrar, em amor fraternal, preferindo honrar uns aos outros.

No final de cada culto, temos um momento de ação de graças por bênçãos que o Senhor derramou na vida dos irmãos ao longo da semana. É nosso momento de agradecimento. Comemoramos uns com os outros, porque a alegria do nosso irmão também é nossa alegria.

Celebrar é marcar de forma honrada a vida das pessoas, honrar é deixar marcas que reportem a importância daquela pessoa e daquele acontecimento. Assim como nas margens dos rios, que denunciavam se havia alguém importante naquela região, que você marque a vida dos outros ao seu redor de modo a deixar claro publicamente que elas são importantes, dignas de amor e carinho, assim como todos são alvos do amor de Deus.

Eu vou legar mais honra com...

....
....
....
....
....
....
....
....

Minha oração:

....
....
....
....
....
....
....
....
....

HONRA X DINHEIRO

"Honra ao Senhor com os teus bens e com as primícias de toda a tua renda; e se encherão fartamente os teus celeiros, e transbordarão de vinho os teus lagares."

PROVÉRBIOS 3:9-10

Em uma das igrejas que abrimos no Mato Grosso, conheci uma senhora que se converteu junto com toda a família. Eu ministrava naquela comunidade um vez por mês, e às vezes fazíamos cultos nas casas ou sítios onde moravam os irmãos. Depois de 2 meses da conversão dessa senhora, fizemos um culto no sítio onde ela morava.

Ao chegar, ela me mostrou um bezerro que havia nascido há algumas semanas. Ela estava toda sorridente e disse com muito orgulho: "O nome dele é Futuro, porque é meu primeiro dízimo. Como é o primeiro que nasceu desde que me converti, eu quero dar a primícia, e eu sei que ele simboliza o futuro que terei a partir da decisão que tomei de servir a Cristo".

> Tudo que temos vem de ti, e demos apenas o que primeiro de ti recebemos!
>
> (1 CRÔNICAS 29:14)

A decisão de entregar o dízimo ao Senhor envolve a consciência de que tudo o que é seu vem de Deus, por isso, entregar parte disso de volta ao Pai é uma maneira de agradecimento e honra a ele. Foi exatamente o que a senhora fez.

E de fato, ela prosperou muito. Isso aconteceu há 14 anos, ela continua a honrar ao Senhor de diferentes maneiras. Não devemos prestar essa honra em barganha pelo futuro, mas em gratidão pelo presente e pelo passado. Quando se quer honrar, não se faz contas, pois não precificamos a graça que o Senhor nos concede. Jesus nos ensinou: "dai, e dar-se-vos-á; boa medida, recalcada, sacudida, transbordante, generosamente vos darão; porque com a medida com que tiverdes medido vos medirão também."

O Senhor honra aqueles que o servem e o amam. Ele dá de acordo com sua vontade àqueles que o honram. O Pai não vira as costas aos que vivem o evangelho e não amam ao dinheiro mais do que a ele. Como você tem honrado ao Senhor com o seus bens? Você ama tanto a estabilidade falsa do dinheiro a ponto de colocá-lo acima de Deus em sua vida? Ou costuma honrá-lo, fazendo suas contribuições de coração aberto em reconhecimento e gratidão? Sonde seu coração com honestidade e apresente-o diante de Cristo.

Eu vou legar mais honra com...

Minha oração:

NO CUMPRIMENTO DO DEVER

"Pagai a todos o que lhes é devido: a quem tributo, tributo; a quem imposto, imposto; a quem respeito, respeito; a quem honra, honra."

ROMANOS 13:7

Honrar também é cumprir seus deveres. Como vimos até o momento, honrar não é uma opção, e sim um mandamento direto de Deus. A honra é como uma dívida. Como devemos viver esse legado? Cumprindo meus deveres como cidadão do Reino, honrando a quem honrou, a quem me ensinou, é honrar meus líderes, meu patrão, minha família e especialmente a Deus.

Certo dia, realizei o casamento de mãe e filha na mesma cerimônia. A mãe era viúva e estava vivendo sua segunda chance. A noiva mãe, junto com o buquê, levou a foto de seu pai, porque era o sonho dele levar a filha para o altar. Ela entrou com o pai no próprio casamento, ainda que ele não estivesse lá fisicamente. Isso é honra. É se lembrar, é amar e colocar em prática ações que respeitem a memória de quem vive ou já viveu para lhe ensinar e amar.

> Gostaria que anotasse como, daqui para a frente, você pode honrar a memória daqueles que vieram antes de você.

Durante os últimos devocionais, deixamos claro o quanto este legado é aplicável. Não é possível ter honra apenas no campo das ideias, não; honramos com ações. Não é possível esconder ou fingir a honra, porque o coração verdadeiramente honroso está sempre à luz.

Por isso, chegando ao último devocional deste legado, gostaria que anotasse como, daqui para a frente, você pode honrar a memória daqueles que vieram antes de você. Celebrar os que estão ao seu redor, que fazem parte de sua história acrescentando à sua vida. Não precisa ser alguém exatamente da sua família, mas também pessoas que te ensinaram; seus colegas de trabalho, colaboradores, seu chefe, e até mesmo seu concorrente, pelos méritos, além de pessoas que tenham deixado marcas importantes em sua vida.

Mas, acima de tudo, honre sempre a Deus. Dê a ele a parte que é devida. Que suas ações reflitam seu mandamento de honra, que o seu coração esteja inclinado para Cristo, porque a ele devem ser dadas toda a honra e toda a glória pelos séculos dos séculos, amém!

Eu vou legar mais honra com...

Minha oração:

NO CUMPRIMENTO DO DEVER

QUINTO LEGADO

PALAVRAS

Esta semana falaremos de um dos legados mais importantes desde o início da humanidade: as palavras, das mais definidas e claras até as mais abstratas.

Palavras podem ser subjetivas, como emoções e sentimentos, ou mais diretas, como instruções e direcionamento. O próprio Deus se comunica na história pela palavra. Ele falou com Abraão, com Moisés e hoje fala conosco através da Palavra.

Nenhum legado é tão poderoso quanto a palavra de Deus. O Senhor nos levanta como ministros dele e nos convida a levar adiante o evangelho da salvação. E as palavras do Senhor são "espírito e são vida", ditados de bênção, exortação e admoestação.

Uma das frases que eu mais ouço em processos de aconselhamento, seja entre casais ou pais e filhos, é: "Ele nunca me disse", ou "ela nunca me disse". Quantos filhos já me falaram que nunca ouviram o pai dizer que os amavam? Quantas esposas nunca se sentiram amadas pelos maridos porque eles nunca falavam como se sentiam?

As palavras hoje em dia são subestimadas. "Ah, essa pessoa entende o que eu sinto." Querido irmão, ninguém tem bola de cristal! Falar é expressar o que está dentro do seu coração, é verbalizar sentimentos e o que deve ser dito.

Qual foi o maior legado de Jesus que ficou para nós hoje? As palavras. Obviamente, a cruz foi o maior ato de todos, mas nós temos consciência da salvação pelas palavras. Deus nos chamou, nos convocou, falou conosco, ele registrou na história seu amor por nós. Tudo isso pela palavra. O mundo foi criado pela palavra. "Que haja luz", foi o que o Senhor disse para que tudo começasse.

Que as suas palavras e a natureza delas sejam sempre calcadas no legado que Cristo deixou para nós. Que possamos honrar o amor de Deus através das nossas palavras, porque a nossa boca prega para a salvação e para a perdição, e um verdadeiro filho de Deus tem a boca pronta para amar e salvar. Não se esqueça disso.

IGREJA EM MOVIMENTO

"Que pregue a palavra, insista, quer seja oportuno, quer não, corrija, repreenda, exorte com toda a paciência e doutrina" (...) *"Mas você seja sóbrio em todas as coisas, suporte as aflições, faça o trabalho de um evangelista, cumpra plenamente o seu ministério."*

2TIMÓTEO 4:2,5

Se você decidir caminhar pelo calçadão da praia em João Pessoa, na Paraíba, facilmente se encontrará com um senhor elegante trajando um belo terno marrom e sapatos brilhantes. Caminhando de forma firme e atlética aos 80 anos de idade, Zezito, ex-jogador profissional e tricampeão pelo Botafogo-PB, passa a maior parte do dia empurrando um carrinho de som e distribuindo Bíblias gratuitamente. O senhor, de voz mansa e agradável, percorre diariamente há 30 anos dezenas de quilômetros recitando a Palavra de Deus de forma vívida. Ao conhecê-lo, fiquei constrangido, pois me disse que somente dali 30 anos ele deveria se aposentar.

O apóstolo Paulo, ao escrever a segunda carta a Timóteo, expôs sua preocupação. Ele temia que não houvesse quem desse continuidade à pregação do evangelho. Enquanto tinha saúde, Paulo produziu memórias, escreveu e proclamou a verdade. Ele nos legou cartas belíssimas e fortes, palavras que fundamentam a doutrina cristã e a

> Qual foi o maior legado de Jesus que ficou para nós hoje? As palavras. Obviamente, a cruz foi o maior ato de todos, mas nós temos consciência da salvação pelas palavras.

vida da igreja no mundo. Ordenou a mim e a você, caro leitor, que anunciemos as novas de salvação a tempo e fora de tempo. Deixou-nos cientes de que a próxima geração receberá de nossas mãos o legado da Palavra.

De toda palavra que nos compete legar, certamente o evangelho de Cristo é a principal delas. É imperativo, e não uma opção. "Não cesses de falar deste Livro da Lei", disse o Senhor a Josué (Js 1:8). Também declarou ao povo por intermédio de Moisés: "Estas palavras que hoje lhe ordeno estarão no seu coração (...). Você as inculcará a seus filhos, e delas falará quando estiver sentado em sua casa, andando pelo caminho, ao deitar-se e ao levantar-se" (Dt 6:6,7).

Amigos, quero viver para praticar isso. Nosso irmão Zezito nos inspira fazendo ecoar suas palavras enquanto caminha pela praia; que elas caiam em terra fértil e não na areia do mar. Que o Senhor também encha seus lábios, amigo leitor, que não se encontre neles palavras torpes, mas apenas palavras de vida eterna.

Eu vou legar mais palavras com...

....
....
....
....
....
....
....
....

Minha oração:

....
....
....
....
....
....
....
....
....

PALAVRAS MARCAM

"Guarda os meus mandamentos e vive; e a minha lei, como a menina dos teus olhos. Ata-os aos dedos, escreve-os na tábua do teu coração."

PROVÉRBIOS 7:2-3

Certa vez, conheci uma jovem com o braço cheio de tatuagens que veio buscar aconselhamento na igreja. Eu não costumo perguntar o significado das tatuagens dos outros, mas fiquei extremamente curioso sobre elas. Então eu perguntei: "Qual sua intenção com as suas tatuagens?", e ela me respondeu que era para esconder suas cicatrizes. Ela se cortava muito no passado e tinha o braço cheio de marcas brancas. Quando ela se converteu, tentou cobrir as marcas sem saber que tatuar em cima de cicatrizes poderia causar mais feridas, porque a pele fica mais fina.

A tatuagem é voluntária, mas e as cicatrizes? Elas não são voluntárias. Elas são recordações de acidentes, lutas e marcas de dor. Minha esposa tem uma cicatriz imensa no pé até o tornozelo de um ataque de nosso cachorro. Ela o amava, e ainda assim, ele a feriu. A marca daquele momento de dor, ainda que em uma relação de amor, ficará com ela para sempre.

As palavras podem ser como tatuagens, algo que amamos guardar, que queremos marcar na pele; ou como cicatrizes, que nos acompanham como lembrança da dor e de lutas. Nós devemos legar palavras dignas de tatuar no coração. Devemos vigiar para que as palavras não firam, não deixem marcas profundas e cicatrizes tão espessas que são impossíveis de esquecer.

Cicatrizes remontam a dor, ao que não queremos mostrar, assim como a menina que entrou na minha sala para ser aconselhada. Em Provérbios, lemos que devemos guardar os mandamentos e atá-los aos dedos e escrevê-los na tábua do nosso coração. É como dizer para tatuarmos, para guardarmos no coração, os mandamentos de Deus, a fim de que nos lembremos sempre ao nos olharmos no espelho, porque está encravado em nós como se estivesse eternizado em nossa pele, como uma tatuagem. A lâmina do evangelho ao contrário da cicatriz, não fere, mas tatua, é marca eterna de amor, salvação e esperança.

> Mas eu lhes digo que no dia do juízo os homens haverão de dar conta de toda palavra inútil que tiverem falado. Pois por suas palavras vocês serão absolvidos, e por suas palavras serão condenados.
>
> (MATEUS 12:36-37)

Eu vou legar mais palavras com...

....
....
....
....
....
....
....
....

Minha oração:

....
....
....
....
....
....
....
....
....
....

/ /

HAJA LUZ

"Levanta-te, resplandece, porque já vem a tua luz, e a glória do SENHOR vai nascendo sobre ti."

ISAÍAS 60:1

Há palavras que ao escutarmos criam raízes em nós, despertando o poder criativo e empreendedor. Nas quartas-feiras, pela manhã, costumo palestrar para os detentos na cadeia pública de nossa cidade. É um compromisso religioso, não abro mão de maneira alguma. Há algum tempo, um garoto haitiano de 18 anos foi solto, e, antes dele ser liberado da prisão, eu o encontrei no corredor da cadeia enquanto carregavam a tornozeleira eletrônica dele. Vi em suas mãos a roupa e a mochila que o acompanharia fora dali.

No Brasil, o número de presos ocupando as celas é exorbitante. Para um jovem imigrante, o mundo lá fora com uma vida fichada pode ser infinitamente mais difícil. Então fui até ele e disse: "Você é um garoto saudável e inteligente, com uma vida inteira pela frente". Ali, dei uma palavra de amor, porque ele já havia apanhado o suficiente da vida. O que eu quis dizer para ele foi: "Haja luz!" Levando-o a crer que há luz no horizonte.

Amigos, sendo parte da família de Deus e conhecedores da Palavra, é nosso dever apontar a

> Irmão, sendo parte da família de Deus e conhecedores da Palavra, é nosso dever apontar a luz para aqueles que estão presos nas trevas.

luz para aqueles que estão presos nas trevas. Uma palavra de esperança e de carinho pode ser o necessário para tirar alguém das mais profundas cavernas de desespero para a luz de Cristo.

No domingo da mesma semana, durante o culto em francês direcionado aos haitianos, eu o vi sentado nos bancos da igreja. Palavras que poderiam ter sido esquecidas por mim alguns dias depois se cravaram no coração daquele jovem que constantemente rejeitava o evangelho durante o tempo que preguei para ele na cadeia. Ao se ver livre, e justamente quando não era "obrigado" a me ouvir, foi que ele se levantou para ir atrás do Senhor naquele banco da igreja.

Nós precisamos legar mais palavras criadoras, que sejam como luzeiros para as pessoas, que as ajudem a enxergar que a vida não chegou ao fim por causa das suas ações, que há espaço para todos na casa do Senhor. À noite, para os pescadores, o farol é o que os guia para entender onde há terra firme. Nossas palavras podem ser um farol para as pessoas, iluminando o caminho em direção a Cristo.

Eu vou legar mais palavras com...

Minha oração:

CONVICÇÕES

"Filho meu, não te esqueças dos meus ensinos, e o teu coração guarde os meus mandamentos; porque eles aumentarão os teus dias e te acrescentarão anos de vida e paz. Não te desamparem a benignidade e a fidelidade; ata-as ao pescoço; escreve-as na tábua do teu coração e acharás graça e boa compreensão diante de Deus e dos homens."

PROVÉRBIOS 3:1-4

Na casa de meus pais somos quatro filhos. Crescemos juntos no interior do estado de Rondônia. Muito unidos, bem instruídos e amados por nossos pais. Mas sempre achei que eu fosse o único filho homem da família, até que aos 35 anos recebi a ótima notícia de que tinha mais um irmão por parte de pai. Nunca foi mencionado dentro de casa a existência dele ou seu nome. Até que um dia, meu pai me ligou e disse que meu irmão tinha falado com ele. Foi a primeira vez que ouvi sobre Breno, meu irmão.

Anos antes dessa grata surpresa, meu pai havia escrito um livro chamado *Convicções*, uma obra em que painho (maneira carinhosa de chamar meu pai) revelava seus sentimentos e convicções através de versos e poesias. O que ninguém sabia era que um dos poemas, intitulado "Filho", era uma revelação de seus sentimentos sobre o filho que até então ele não tinha contato. Pensávamos que o poema fosse ficção ou se tratasse de algo abstrato. No poema, ele falava do filho que nunca viu, mas que sentia falta dele. Ele escreveu sem nunca ter falado para o filho. Meu pai não

> Também falarei dos teus testemunhos perante os reis e não me envergonharei.
>
> (SALMOS 119:46)

tinha legado diretamente o amor a Breno, mas fez questão de legar palavras.

Nem sempre expomos aquilo que acreditamos ou sentimos. Um pai pode morrer sem haver legado seus ensinamentos ou convicções para seus filhos. Mas essa não é a vontade de Deus, nem uma proposta razoável para nossas relações. Se uma pessoa esconde suas convicções, talvez não as tenha de fato, ou elas não regem sua vida. Palavras são como flechas, se não tiramos da aljava, não cumprem seu propósito.

No livro de Provérbios, o pai evoca do coração do filho o que transmitiu a ele enquanto viveu. Assim, permita que as pessoas recebam mais de você por meio de suas palavras. Os amigos, os filhos, colegas de trabalho ou o atendente da padaria podem conhecer sua fé, seus valores e princípios. Podemos revelar o amor de Deus através das palavras. Sejam faladas ou escritas, gritadas ou sussurradas no ouvido de alguém. Faça-os saber.

Eu vou legar mais palavras com...

....
....
....
....
....
....
....
....

Minha oração:

....
....
....
....
....
....
....
....
....
....

CONVICÇÕES

CONVERSAS DIFÍCEIS

"Ele respondeu: — Ouvi a tua voz no jardim, e, porque estava nu, tive medo, e me escondi."

GÊNESIS 3:10

O ser humano parece preferir se esquivar de conversas difíceis. Não queremos passar a barreira da inconveniência. Optamos por não "incomodar", nem ser incomodado. Achamos importante preservar a imagem da simpatia. Fugimos da crítica, da exortação e dos assuntos difíceis. A verdade é que essas conversas são marcantes. As conversas difíceis revelam quem somos, nosso temperamento e nosso caráter.

Conversas difíceis não significam conversas grosseiras ou rudes. Chamar seu filho para ter uma conversa sobre sexualidade pode parecer difícil, mas é natural. Chamar minha filha para falar sobre namoro vai ser difícil, mas é necessário.

Logo no início da Bíblia, Deus tem três conversas difíceis com o homem, mas que praticamente pautam toda a Escritura.

1. Deus pergunta para Adão: "Adão, onde estás?". Que conversa difícil! É quando Deus nos questiona onde estamos em relação a ele. Essa foi a primeira conversa difícil na humanidade.

2. Deus pergunta a Eva: "O que você fez?". Um diálogo embaraçoso, porque Deus praticamente disse: "tudo que você faz tem um motivo, por que você fez o que fez, Eva? Que resultado você quis alcançar com isso?".

3. Deus pergunta a Caim: "Onde está o seu irmão?". Onde está o seu próximo em relação a você? Ou onde você está em relação a sua família?

Deus nunca se esquivou de conversas difíceis, as três primeiras conversas na Bíblia não são fáceis, pois chamam o homem à responsabilidade na relação com Deus, com o próximo e quanto às intenções do coração.

Quais dessas conversas você precisa ter com Deus hoje?

Vamos encarar os diálogos difíceis do perdão, da reflexão, das críticas necessárias e da declaração de amor que precisa ser feita. Não adie a importante conversa em família que está pendente. Seja com quem for: amigos, cônjuge, filhos ou seu chefe. Se o assunto é importante, que Cristo guie seus lábios para a honra e glória de Deus. Amém.

> Toda a Escritura é inspirada por Deus e útil para o ensino, para a repreensão, para a correção e para a instrução na justiça.
>
> (2TIMÓTEO 3:16-17)

Eu vou legar mais palavras com...

....
....
....
....
....
....
....
....
....

Minha oração:

....
....
....
....
....
....
....
....
....
....

ABERTOS A RECEBER

"Os teus testemunhos, recebi-os por legado perpétuo, porque me constituem o prazer do coração."

SALMOS 119:111

A palavra "receber" é chave no legado da palavra. Meu objetivo, irmão, é que você esteja aberto a receber conselhos, instruções, revelações da Palavra e exortações. Nós queremos sempre falar, mas nunca queremos ouvir. Gostamos de mostrar nossas convicções sem nos dispormos a ouvir de verdade.

O escritor Rubem Alves escreveu em *Escutatória* que "nossa incapacidade de ouvir é a manifestação mais constante e sutil de nossa arrogância e vaidade". Nós vemos tantos cursos de oratória, mas poucos de escutatória. As pessoas querem espaço para falar, e não para ouvir.

> Entendam isto, meus amados irmãos: estejam todos prontos para ouvir, mas não se apressem em falar nem em se irar.
>
> (TIAGO 1:19)

O silêncio, elemento cada vez mais raro em nossas casas, é o ambiente perfeito para ouvir, por mais contraditório que pareça. É no silêncio que somos obrigados a não falar, que precisamos ouvir nossos próprios pensamentos. É no silêncio que podemos respirar fundo, meditar e ouvir o que o Senhor tenta nos dizer e ignoramos porque estamos ocupados demais correndo de um lado para o outro.

Em Tiago 1:19, lemos a importância do silêncio: "Sabeis estas coisas, meus amados irmãos. Todo homem, pois, seja pronto para ouvir, tardio para falar, tardio para se irar". O silêncio precede o falar, precede inclusive o escutar.

Para escutar, devemos nos calar. É no silêncio que podemos realmente entrar no profundo de nossos corações e entender quem somos e quem Deus é para nós.

Por isso, considere passar mais tempo em silêncio, talvez até depois deste devocional. Tire um tempo para ouvir, através da leitura da Bíblia e da oração silenciosa, o que o Senhor tem a dizer para você.

Eu vou legar mais palavras com...

....
....
....
....
....
....
....
....

Minha oração:

....
....
....
....
....
....
....
....
....

VERDADE

"E conhecerão a verdade, e a verdade os libertará."

JOÃO 8:32

Legar a Palavra da verdade é ser instrumento de libertação para uma geração inteira, e o conhecimento da liberdade vem conforme ela é entregue a nós. Jesus disse em João 14:6: "Eu sou o caminho, e a verdade, e a vida; ninguém vem ao Pai senão por mim". Se somente Cristo é o caminho, então somente a palavra dele é vida. Ele mostra sua verdade a quem ele quer, conforme sua vontade. Jesus é o ponto de partida ou pilar das pontas, o umbral. A verdade não é somente o caminho, mas ela é a passagem. Cristo é a passagem para Deus.

Quantas vezes, a fim de buscar uma saída para nossos problemas, mentimos para nos livrarmos? Somos mais inclinados a fugir pela tangente por meio da mentira por diversos caminhos, mas a verdade é um único caminho. A verdade é a única saída, a única passagem. Jesus é o único que pode nos levar ao Pai, e não há palavra mais poderosa do que essa.

> Deus não é homem, para que minta; nem filho de homem, para que se arrependa. Acaso ele fala e deixa de agir? Acaso promete e deixa de cumprir?
>
> (NÚMEROS 23:19)

Vivemos em uma geração que relativiza demais todas as coisas, inclusive a verdade, quando a verdade é absoluta. Santo Ambrósio diz que toda verdade, dita por quem quer que seja, vem de Deus. Porque ele é o pai da verdade, Cristo é a própria verdade!

A menor distância entre dois pontos é sempre uma reta, sem caminhos curvos e convexos. A verdade é um caminho reto, ela não busca curvas e desvios, ela é justa e reta, ainda que dolorida.

Deus não é homem para que minta, e se ele diz, será cumprido. São palavras de verdade. Se seguimos o caminho de Cristo, se somos discípulos do Senhor, então seguimos o caminho da verdade, que é seguro, mas nem sempre fácil, porque não há busca por desvios.

Que você, irmão, se apegue à verdade sem cogitar a possibilidade de um segundo caminho, de um plano B, de um escape. Jesus não é um escape, ele é o caminho, a verdade e a vida. Ele é a passagem, a trajetória e o alvo.

Eu vou legar mais palavras com...

Minha oração:

VERDADE

SEXTO LEGADO

AFETO

> *"(...) não podem salvar a si mesmos das chamas. Você não receberá deles ajuda alguma; a fogueira deles não aquece ninguém."*
>
> ISAÍAS 47:14

O que você entende por afeto? Talvez associe ao carinho físico, a pessoas expansivas que não têm problemas em demonstrar amor, daqueles que fazem questão de estar sempre presentes. Bom, tudo isso é ser uma pessoa afetuosa. Associo afeto especialmente à presença. O verdadeiro afeto é aquele em que você vai além do comum para demonstrar que se importa com alguém; o afeto é legado, porque aqueles que ensinam o que é o afeto saudável criam uma procedência de pessoas que sabem amar e receber amor.

Há muitos anos, conheci um garoto que sofria abusos físicos e psicológicos quando era mais novo por parte de um membro da família. Quando o menino chegou para aconselhamento, não conseguia se relacionar com ninguém. Não aceitava nem abraços da própria mãe! Tudo isso porque aquele que era segurança desta criança abusou do afeto que oferecia.

A verdade é que nem todo abraço nos aquece, há abraços frios, que nos repelem. Há toques que nos chocam e nos traumatizam. Eu me lembro de quando essa mesma criança chegou em mim e perguntou: "Tio, por que ele fez isso comigo?". Foi extremamente dolorido não ter uma resposta além de que algumas pessoas legam apenas dor e sofrimento, não sabem amar, não sabem o que é cuidar de verdade, somente machucar. E que aquela criança, sem responsabilidade alguma naquilo, havia sofrido quando deveria ter sido cuidada.

Quando o texto bíblico de Isaías diz que a fogueira deles não aquece ninguém, significa que por mais afeto que as pessoas tenham para dar, ele não aquece. Nós estamos em um mundo que se torna cada vez mais frio. As redes sociais nos afastam, a geração que viveu a adolescência na pandemia desaprendeu a se importar com os outros em prol do próprio cuidado.

Que nos próximos dias, leitor, você possa reavaliar como, ao longo da sua vida, recebeu o legado do afeto e como isso impacta diretamente em como você lega afeto para outras pessoas. Que as dores causadas por toques de dor sejam cobertas pelo afeto magnífico e puro de Cristo Jesus. Amém.

ELEVE A TEMPERATURA

"Subiu à cama, deitou-se sobre o menino e, pondo a sua boca sobre a boca dele, os seus olhos sobre os olhos dele e as suas mãos sobre as mãos dele, se estendeu sobre ele; e a carne do menino aqueceu."

2REIS 4:34

Você já ouviu falar em memória corporal? A pele, dentre muitas funções, é uma mediadora de sensações que ficarão registradas; fonte isolante e reguladora de temperatura. Legar é produzir memórias, é entregar porções de nós aos corações e não aos cofres. Enquanto nos relacionamos estamos produzindo memórias; boas ou ruins, mas memórias. Sendo assim, que memorável legado os corpos dos amigos e familiares levam de mim?

Nossos corpos refletem tudo, é uma caixa registradora de memórias da vida. Neles trazemos as lembranças dos afagos; inesquecíveis afagos legados por quem nos fez tão bem. No entanto, é também um campo de guerra de conflitos interiores, somatizados de tantas maneiras. Cada cicatriz traz consigo um fragmento do passado ou até mesmo um receio do futuro. É possível que o corpo fale mais a nosso respeito que nossos

> Ora, se eu, sendo Senhor e Mestre de vocês, lavei-lhes os pés, vocês também devem lavar os pés uns dos outros. Eu lhes dei o exemplo, para que façam como eu fiz.
>
> (JOÃO 13:14-15)

lábios. Uma significativa parcela de nossos traumas foi documentado no corpo; violências, abusos ou abandono.

Parece estranho, mas é também tocando a pele que identificamos, pela temperatura, se há vida em alguém. Sim, estar quente é uma forte evidência de estar vivo. Obviamente existe o fator milagre nesse texto da ressurreição do filho da sunamita, porém a atitude de Eliseu, o profeta, foi mais importante e fundamental que o exercício da profecia. O corpo quente sobre o corpo frio simboliza-nos o poder do calor humano.

Em Marcos 5:30, Jesus, no meio da multidão, percebe que dele saíra virtude pela forma como fora tocado. Sim, um toque pode ser cheio de virtude e carregar mais poder que mil palavras. Permita, no dia de hoje, sair virtude de você. Já pensou em transmitir vida para alguém hoje? Corra, faça isso agora mesmo, procure alguém que ama ou que carece de seu amor, alguém que precisa muito ressuscitar a alma fria, aqueça-a com sua presença, com seu abraço e um rosto colado. Surpreenda alguém que, nesse mundo frio, não imaginaria viver tão rica e calorosa experiência nesse dia.

Eu vou legar mais afeto com...

....
....
....
....
....
....
....
....

Minha oração:

....
....
....
....
....
....
....
....
....

CHEIRO

"Nós amamos porque ele nos amou primeiro."

1JOÃO 4:19

Nós, nordestinos brasileiros, temos o agradável hábito de dar "cheiros" na face e no pescoço como expressão de afeto e carinho. Recordo-me de ouvir meus pais dizendo: "Neto, cadê meu cheiro?". Sempre foi muito agradável a sensação do toque na pele. Minhas irmãs e eu fazíamos fila para "dar um cheiro" em painho e mainha (maneira carinhosa de chamar meus pais) todas as noites antes de dormir e também ao ir à escola. Mantive esse hábito com minhas crianças. Gosto dessa sensação ao abraçar, cheirar e beijar a cada um. É distinto e inconfundível o cheirinho de meus "pequenos".

É de suma importância essa relação de afeto entre pais e filhos. À medida que se define a "persona" no coração da criança, as sensações de afeto forjam nela o senso de segurança e amor. Crescerão reproduzindo o que viram e ouviram. Via de regra, transmitirão o calor que receberam ou o frio que sofreram.

Meus filhos não são mais bebês, já estão bem crescidinhos, mas ainda são meus filhos. Não raro, Josi e eu nos flagramos usando a expressão "crianças" para fazer menção a eles. É um ato falho? Se for, não fará mal! Pois vamos continuar fazendo o que fazemos: transmitindo calor, beijos e cheiros, ainda que às vezes eles se "constranjam" diante dos amigos. Quem sabe assim, ao verem, também o repliquem em casa entre seus pais, na igreja e na escola entre os amigos.

Jesus não aguardou receber afeto para só então entregar, mas repartiu-se por todos, e o Pai recebeu isso como "cheiro suave". Legar afeto é isso, é entregar porções de si mesmo. Já parou para pensar que tem alguém, nesse momento, com um coração carente de calor e perguntando: "Cadê meu cheiro?". Vamos lá, amigo! Você pode fazer melhor que isso.

> Então, aquele discípulo, reclinando-se sobre o peito de Jesus...
>
> (JOÃO 13:25)

Eu vou legar mais afeto com...

....
....
....
....
....
....
....
....

Minha oração:

....
....
....
....
....
....
....
....
....

CÓLICAS EMOCIONAIS

"Então, José aprontou o seu carro e subiu ao encontro de Israel, seu pai, a Gósen. Apresentou-se, lançou-se-lhe ao pescoço e chorou assim longo tempo."

GÊNESIS 46:29

Nos três primeiros meses de vida da minha primogênita, Sarah, ela teve muitos problemas com cólicas. Minha esposa e eu tentávamos de tudo, nada, nenhum tipo de remédio, fazia aquela menina parar de chorar.

Até que uma pediatra sugeriu o abraço. Nós pegávamos a Sarah e aquecíamos a barriga dela, pressionando-a contra o nosso peito. Somente ali ela parava de chorar. Para nós, aquela era uma experiência de duas faces: o calor removia a dor, então não poucas vezes vimos o sol nascer porque passávamos a madrugada com nossa filha para aquecê-la. Estávamos cansados, mas dávamos nosso melhor para que nossa menina estivesse livre de dores.

> A verdade é que um abraço apertado pode tirar a dor de muita gente.

Quantas pessoas têm suas cólicas emocionais que podem ser resolvidas somente com um abraço? A verdade é que um abraço apertado pode tirar a dor de muita gente. Talvez você perca uma noite de sono, mas estará deixando um legado gigante.

Hoje em dia, uma das maneiras que minha filha demonstra amor é pelo toque físico. Ela ama abraçar! Sarah leva adiante o que a ensinamos quando era criança, porque era o que ela precisava.

Creio que o calor remova a dor, que o afeto abrande corações machucados. Mesmo que eu morra hoje, Sarah tem o meu legado impresso nela. Ela sabe que um abraço sincero pode mudar o dia de alguém.

Como você demonstra afeto e carinho? Analise com cuidado como melhorar e expressar a sua maneira de amar as pessoas que estão perto de você.

> Então, Esaú correu-lhe ao encontro e o abraçou; arrojou-se-lhe ao pescoço e o beijou; e choraram.
>
> (GÊNESIS 33:4)

Eu vou legar mais afeto com...

....
....
....
....
....
....
....
....
....

Minha oração:

....
....
....
....
....
....
....
....
....
....
....

A LAREIRA

*"Estando ainda longe, seu pai o viu e,
cheio de compaixão, correu para
seu filho, e o abraçou e beijou."*

LUCAS 15:20

A expressão "lareira" tem a mesma raiz de "lar". Nas regiões mais frias do planeta, um dos instrumentos de comunhão familiar é a lareira. Ela aquece a casa, pinta as paredes de uma cor amarelada que expressa aconchego. Ela também representa a unidade da família, porque é comum que todos os membros se juntem diante do fogo para se aquecer enquanto passam tempo juntos. É ali que eles conseguem remover suas capas e se permitem desnudar. É um ambiente seguro.

Há famílias em que as pessoas sequer querem voltar para casa, porque não é um lar. É só uma casa, uma estrutura oca e que não representa nada além de moradia, apenas. Não interessa o tamanho da casa, o quão bela ou feia, contanto que ela seja lar, iremos voltar para ela. Se ela for aquecida, cheia de afeto, não queremos deixá-la.

> No Senhor não encontramos uma vida alienada de problemas, mas ele é a nossa garantia de que somos amados e que em Deus temos um lar.

Os braços de Cristo são como esse lar. É para ele que podemos voltar quando estivermos cansados, é neles que relaxamos depois de um dia, um mês, um ano difícil. No Senhor não encontramos uma vida alienada de problemas, mas ele é a nossa garantia de que somos amados e que em Deus temos um lar.

Irmão, o quão belo e gratificante é saber que nosso lar não é uma casa terrena que pode desmoronar a qualquer momento, que é um terreno baldio sem cuidados ou um apartamento com rachaduras na parede. Nosso verdadeiro lar é Cristo! Um lar eterno, cheio de amor e cuidado para dar.

Por isso, aqueça-se na lareira do Senhor, cubra-se com a manta do amor de Cristo e aproveite o seu lar, porque ele é dado por Deus para você até o fim dos tempos.

O Senhor Jesus conta-nos a parábola de um filho que imaginou encontrar um lugar mais aquecido e aconchegante para sua vida que a casa do pai. Depois da fria frustração, ele retorna na segurança de que seria aquecido na lareira do coração do pai.

Convido você a transformar a residência em um lar, em uma lareira aquecida de afeto.

Eu vou legar mais afeto com...

....
....
....
....
....
....
....

Minha oração:

....
....
....
....
....
....
....
....
....

EQUILÍBRIO

"Até o pardal encontrou casa, e a andorinha ninho para si, onde ponha seus filhos, até mesmo nos teus altares, Senhor dos Exércitos, Rei meu e Deus meu."

SALMOS 84:3

Quando eu era criança, criávamos galinhas e galos em casa. Até meus 15 anos, eu sempre andava com um galo embaixo do braço para cima e para baixo. Uma coisa que todos sabíamos é que se a galinha ficasse muito tempo fora do ninho, o ovo ficava muito exposto ao frio e interferia no processo de formação do pintinho, então o ovo apodrecia e o animal morria. Se o ovo ficasse quente demais, ele também morria. Há uma temperatura certa.

A síntese é que o equilíbrio é necessário para que qualquer ambiente seja saudável. A relação entre pais e filhos, irmãos, marido e mulher precisa estar na temperatura certa. Para que nossos filhos se desenvolvam bem, o coração deles amadureça, eles precisam da temperatura certa, do calor paterno e materno. Nossos filhos necessitam de atenção, amor e carinho.

A falta de calor no ambiente familiar cria uma criança fria, sem noção de empatia e amor ao

> Meu filho, preste atenção à correção de seu pai e não deixe de lado a instrução de sua mãe. O que aprender com eles será coroa de graça em sua cabeça e colar de honra em seu pescoço.
>
> (PROVÉRBIOS 1:8,9)

próximo, suscetível a relacionamentos abusivos e a achar a frieza algo normal, o que não é.

Por isso, busque conversas profundas com a sua família, entenda os limites do amor, cuidado, repreensão e amadurecimento. As pessoas mudam conforme o tempo passa. Quem seus filhos eram quando crianças não é quem são agora. Afinal, nem mesmo quem você era há 5 anos não é a mesma pessoa de agora. É por esse motivo que insisto que a comunicação é a chave para um lar familiar balanceado, aquecido e pronto para crianças e adultos saudáveis.

> Até os chacais oferecem o peito para amamentar os seus filhotes, mas o meu povo não tem mais coração...
>
> (LAMENTAÇÕES 4:3)

Eu vou legar mais afeto com...

....
....
....
....
....
....
....
....
....

Minha oração:

....
....
....
....
....
....
....
....
....

ACENDA O BRASEIRO

"Os mansos verão isto e se agradarão; o vosso coração viverá, pois que buscais a Deus."

SALMOS 69:32

Era uma noite fria e a maioria dos discípulos haviam se dispersado por causa da prisão de Jesus. Na ocasião, Pedro foi até o palácio onde Jesus estava. Ali, para que as pessoas pudessem se proteger do frio, uma fogueira foi acesa. Pedro se aquecia nela, mas Jesus estava exposto ao frio. O que o discípulo buscava era um conforto para seu corpo, mas sua alma não estava aquecida. Depois disso Jesus é levado ao sacrifício e Pedro passa a ver sua vida sem propósito e significado. Nesse estado, ele volta a pescar.

Em João 21, vemos que depois dos discípulos terem pescado a noite inteira, Jesus aparece na praia, ressurreto. O Senhor pergunta a eles se já tinham pescado alguma coisa, ao que Pedro nega. Então Jesus ordena que joguem a rede à direita do barco. Pedro o obedece, e quando a rede volta cheia de peixes, percebem que é o Cristo. O discípulo rapidamente veste sua túnica e se lança no mar frio da Galileia.

O dia ainda estava amanhecendo, as temperaturas nas madrugadas de Cafarnaum eram baixíssimas, mas Pedro se joga na água fria do mar, de roupa e tudo, para ir encontrar Jesus. O

> Venham a mim, todos os que estão cansados e sobrecarregados, e eu lhes darei descanso.
>
> (MATEUS 11:28)

que o impetuoso Simão Pedro buscava era o verdadeiro calor para sua alma gelada. E quando ele chega à praia, o que encontra? Um braseiro, uma fogueira acesa.

Pedro tem dois momentos à beira do fogo: a ocasião em que ele queria aquecer a alma, mas somente aqueceu o corpo; e na praia, quando Jesus o aguarda com brasas vivas para aquecer seu corpo e seu coração. Porque somente Jesus tem a chama que aquece a alma e restaura a aliança com Deus.

Que assim como Pedro, busquemos aquecer nosso coração em Jesus, porque ele está pronto para nos reconciliar e estabelecer a aliança conosco num ambiente caloroso. Você pode promover esse ambiente para um familiar que vem te visitar, para um colega novo de trabalho que está perdido, para seu filho quando começa uma nova série na escola e está com dificuldades de se adaptar... O ponto crucial é que foi dado a nós o braseiro afetuoso de Cristo, e é nosso dever, como cidadãos do Reino, acalorarmos a todos ao nosso redor.

Eu vou legar mais afeto com...

....
....
....
....
....
....
....
....

Minha oração:

....
....
....
....
....
....
....
....
....

FAMÍLIA OFFLINE

*"Nós o amamos a ele porque
ele nos amou primeiro."*

1JOÃO 4:19

Vivemos hoje em um mundo cheio de filhos órfãos com pai e mãe vivos. Dou uma palestra chamada "Família Offline", que eu falo sobre os riscos dos nossos filhos terem tanto acesso à internet e serem tão desconectados da família.

Com 9 anos, Sarah, minha filha, chegou em casa falando que todas as amigas tinham celular, menos ela. No ano seguinte isso se repetiu. No ano seguinte ao último, ela perguntou quando teria o primeiro celular. Eu disse que apenas com 15 anos. Ela ficou chocada, porque ela era uma adolescente de 12 anos sem celular, enquanto todos os seus amigos tinham. Há algum tempo, Sarah ganhou seu celular, no tempo que prometemos entregar.

Comecei, então, a observar a diferença no comportamento de crianças com acesso ao celular cedo demais em comparação às que não tem. E hoje em dia, a própria Sarah vê a diferença. Minha filha era muito mais presente, porque não havia celular para tomar sua atenção.

Mas o lado que precisamos nos lembrar como pais é que não ter um celular significa que devemos ser mais presentes. Nossos filhos ficam ainda mais próximos de nós sem acesso infinito ao celular. Precisamos ser mais pacientes.

Percebi que meus filhos não perderam nada em relação às demais crianças. Vejo que são crianças empáticas, com maior dificuldade em acreditar em qualquer coisa que digam, porque não têm uma enxurrada de informações falsas misturadas à verdade na palma da mão.

    Por isso, irmão, clamo para que você pondere sobre a situação da tecnologia na sua casa e o papel que ela tem exercido com seus pais, com seus filhos, no seu casamento. Não podemos deixar que a máquina tome o lugar que a família deve ocupar de amor e presença. Reflita e escreva sobre quantas horas por dia você e sua família passam no celular. Depois, pensem em atividades que poderiam fazer em família com esse tempo e aproveitar melhor o tempo offline.

> Instrua a criança segundo os objetivos que você tem para ela, e mesmo com o passar dos anos não se desviará deles.
>
> PROVÉRBIOS 22:6

Eu vou legar mais afeto com...

Minha oração:

SÉTIMO LEGADO
EMOÇÕES

Creio que a vida seja como um grande bolo em que cada um tem a oportunidade de recheá-lo com uma receita sem gosto ou bem saborosa. Recheios doces ou apimentados. Coloridos ou monocromáticos. Silenciosos ou musicais. Planejados ou improvisados. Mas eles devem ser sempre memoráveis.

Nós somos seres sensíveis. Uma das primeiras coisas que aprendemos na escola são os sentidos: audição, visão, paladar, tato e olfato. Além de sentirmos, também promovemos sensações e emoções aos outros.

No plano de Deus, devemos usar tudo o que recebemos, todos os sentidos. Todas as sensações têm sua importância, seja a dor, a alegria, a frustração, a realização, o luto etc. Isso tem importância na construção do delicioso bolo da vida.

Temos um Deus que sente alegria, ira, amor, ciúmes, tristeza, temos um Deus que chora, um Deus de emoções e que ama promovê-las. Em momento algum na Bíblia as emoções foram repreendidas, e um exemplo claro disso foi quando Elias (1Rs 19:3-18), tomado de pavor e ansiedade por estar sendo perseguido, foi consolado por Deus. "Basta; toma agora, ó Senhor, a minha alma." Deus, então, mandou que Elias comesse, bebesse e então dormisse. Ao acordar, Elias estava mais calmo e pronto para outra. Às vezes, irmãos, tudo o que nós precisamos é comer e dormir para lidar com os sentimentos desesperadores, tudo isso sabendo que o Senhor está velando por nós.

Deus nos fez à sua imagem, conforme sua semelhança. Somos pessoais e interpessoais. O Senhor tem gosto pelas coisas, ele ama algumas e abomina outras. E sensações e emoções têm a ver com o amor que damos a cada momento em nossa vida. Por exemplo, temperança é um nível de equilíbrio emocional que Deus promove (2Pe 1:6).

O que espero nestes próximos dias, irmão, é que você possa olhar para as suas emoções sob um olhar bíblico e divino, que você conheça melhor seu próprio coração e a forma de demonstrar afeto através das palavras e emoções que existem dentro de você. Amém.

/ /

APRENDIZADOS

*"Quando a ansiedade já me dominava no íntimo,
o teu consolo trouxe alívio à minha alma."*

SALMOS 94:19

Todo mundo sabe lidar com sensações boas, agora lidar com dores é mais difícil. A cidade de Sorriso viveu duas tragédias em 2023. Nos dois casos, as tragédias aconteceram muito próximas a mim. Uma delas foi na minha rua. Na outra, um jovem, filho de um amigo, faleceu em um acidente de carro.

O pai desse garoto veio falar comigo após 60 dias de perder seu filho. Ele disse que havia vivido 40 dias de deserto, e que eles só acabaram quando Deus disse que ele havia herdado o legado de seu filho. Ele disse: "Meu filho era manso, e eu não era. Eu herdei a mansidão do meu filho". A dor da saudade crescia, mas essa dor também fazia com que ele quisesse replicar a vida do filho. Tamanho era esse legado de um filho para seu próprio pai.

O filho se foi, e deixou como legado o seu temperamento. Perceba que ele não deixou uma herança física, mas o legado que ficou mudou a vida de seu pai. Sempre associamos legado ou herança a pais deixando para os

> Mas a sabedoria que vem do alto é antes de tudo pura; depois, pacífica, amável, compreensiva, cheia de misericórdia e de bons frutos, imparcial e sincera.
>
> (TIAGO 3:17)

filhos, mas a verdade é que nossos filhos têm muito a nos ensinar quando se trata de emoções.

O que nos diferencia dos não cristãos não são as emoções que vivemos: todos os humanos sentem raiva e às vezes querem xingar. O cristão, diferentemente do não cristão, sabe que emoções existem, mas elas não podem levar a melhor, se sobressair, do nosso corpo. Ele respira fundo, tenta ao máximo se lembrar de Jesus e pensar como agir sem machucar o próximo com suas palavras.

Os nossos familiares e amigos são uma ótima maneira de entendermos como reagimos a diversas situações. Observe como seus filhos reagem ao mundo. São pessoas mais irritadas, mais mansas? O que você pode aprender sobre a forma como veem o mundo? Entenda que não é somente uma maneira de conhecê-los melhor, mas de vê-los com sentimentos próprios e que podem nos ensinar muito sobre legado de emoções.

Eu vou legar mais emoções com...

Minha oração:

ORQUÍDEA

"Por favor, aceite o presente que eu lhe trouxe, pois Deus tem sido muito bondoso comigo. Tenho mais que suficiente". Diante da insistência de Jacó, Esaú acabou aceitando o presente."

GÊNESIS 33:11

Vemos muitos presentes nas Escrituras. Jesus foi presenteado quando nasceu, por exemplo, com mirra, ouro e incenso. Também há presentes que recebemos que nem abrimos dependendo de quem nos dá, mas via de regra, adoramos receber presentes. Faz com que nos sintamos amados e reconhecidos.

Quando Josi e eu ainda éramos noivos, em 2002, eu dei uma orquídea para ela. Era um dia comum de semana, não havia nenhuma data comemorativa. Eu chegava todos os dias à noite na casa dela para vê-la e para jantar também. E naquele dia, eu apareci com uma orquídea. Ela me questionou o motivo daquilo, e para mim foi claro: não havia motivo, eu só queria dar um presente. Não preciso de uma data especial para promover um momento especial.

Vinte e um anos depois, ela me disse o seguinte: "O melhor presente que você já me deu foi aquela orquídea". Mesmo duas décadas depois, ela ainda se lembra. Isso é legado. O amor através daquele gesto foi legado para ela.

Há presentes e surpresas que são memoráveis. Eu já dei para minha esposa joias, carro zero e tantas coisas teoricamente de valor, mas ela mesmo assim disse que o melhor presente que ela havia recebido foi uma orquídea fora de época.

O que isso nos diz, irmão? Entendo que os presentes não estão ligados a datas ou dentro de um planejamento; os bons presentes são aqueles que causam a emoção de amor, felicidade, companhia e relembram como nos sentimos diante da outra pessoa. Quais foram os melhores presentes que Deus já te entregou? E quais presentes você quer começar a entregar para quem você ama como forma de demonstrar seu carinho?

> Os bons presentes são aqueles que causam a emoção de amor, felicidade, companhia e relembram como nos sentimos diante da outra pessoa.

Aprendi nas palavras de minha esposa que o gesto e a intenção é sempre maior. Alguém pode ter muito recurso financeiro para promover um grande evento, mas não necessariamente uma grande emoção. Presentes podem se perder, depreciar, enferrujar ou envelhecer; mas as emoções que geram certamente podem ser eternas.

Eu vou legar mais emoções com...

Minha oração:

O COMETA

"Quanto àquele a quem Deus conferiu riquezas e bens e lhe deu poder para deles comer, receber a sua porção e desfrutar do seu trabalho, isto é dom de Deus. Porque não ficará pensando muito nos dias da sua vida, pois Deus lhe enche o coração de alegria."

ECLESIASTES 5:19-20

Na véspera do meu aniversário de 10 anos, meu pai fez uma surpresa para mim. No dia 9 de fevereiro de 1986, o mundo estava testemunhando a passagem do cometa *Halley*. Como foi algo muito anunciado na televisão, criei uma expectativa em relação a ver o cometa. Meu pai sabia que seria quase impossível vê-lo a olho nu, então ele saiu e comprou um binóculo, o melhor que ele encontrou.

Ele sabia que seria meu aniversário, queria que eu visse o cometa como uma comemoração. Então, ele me levou para o quintal, a fim de vermos. Passamos horas procurando. Toda vez que víamos uma nuvem ou uma estrela que parecia se movimentar, achávamos que era o cometa.

Com o afã de promover para mim esta emoção, às vezes ele chegava a apontar para uma pequena mancha no céu e dizia "Olha ali! É o cometa!". No fundo, eu sabia que não era, mas o que me marcou foi o imenso desejo dele em me dar essa emoção. Todo o esforço dele em me entregar a experiência entre pai e filho. Qual emoção eu guardei? Não a de ver o cometa,

> E consideremo-nos uns aos outros para incentivar-nos ao amor e às boas obras.
>
> (HEBREUS 10:24)

mas ver como meu pai queria promover a felicidade em mim. As pessoas percebem a importância do gesto com ou sem êxito.

Naquela noite, meu pai me disse uma frase: "Você viverá muito, e um dia vai poder ver o cometa". O cometa passa uma vez a cada 76 anos. Agora, ele só passará em 28 de julho de 2061. Ele completou: "Eu não vou viver para ver isso, mas você vai". Eu recebi a frase dele como uma bênção, como quando Jacó abençoou os filhos de José. Ou quando Isaque abençoou Jacó e Esaú com vida longa. Ali, meu pai também estava me abençoando.

Irmão, passe menos tempo buscando o cometa perfeito, e sim aproveite o tempo passando com quem você ama, com seus filhos, marido e esposa. Tão importante quanto o destino final é a jornada com quem está ao seu lado. Por isso, lembre-se de que as memórias que ficam não são da herança, e sim das emoções.

Eu vou legar mais emoções com...

....
....
....
....
....
....
....
....
....

Minha oração:

....
....
....
....
....
....
....
....
....

REALIZAR SONHOS

"Então, o SENHOR Deus fez cair pesado sono sobre o homem, e este adormeceu; tomou uma das suas costelas e fechou o lugar com carne."

GÊNESIS 2:21

Quando Adão ainda estava solitário e Deus traz a mulher para o homem, Adão diz: "Esta, sim, é osso dos meus ossos e carne da minha carne!" (Gn 2:23). Esse é o impacto do primeiro amor, do arrebatamento do coração, de reconhecer que alguém é seu e você é de outra pessoa. Foi o que aconteceu ali.

Deus foi o agente da promoção do sonho. Ele fez Adão adormecer para entregar Eva a ele. Quem sabe o que o homem sonhou enquanto dormia, se não foi com a sua Eva, com alguém que o correspondesse e fosse à altura do seu sonho? Ao despertar Adão, Deus traz o fruto de seus sonhos e expectativas.

> "O amor que vem de Deus é puro, é o amor que doa, que abençoa, que se alegra com quem está alegre, que se entristece com aqueles entristecidos."

Nós podemos ser agentes, assim como Deus foi, de promoções de sonhos. De um amigo, de um filho, de um aniversário. Nós podemos gerar alegria genuína ao nos doarmos ao outro para abençoar a vida de outras pessoas.

O amor que vem de Deus é puro, é o amor que doa, que abençoa, que se alegra com quem está alegre, que se entristece com aqueles entristecidos. Irmão, se o sonho do seu filho for colocar os pés na areia, pense em como pode distribuir o tempo para ir à praia, dentro das condições da sua vida. Se o sonho for simplesmente tomar um sorvete numa tarde de sol com a família, faça isso!

Promover alegria e bênção para aqueles ao nosso redor não são só luxos ou situações inalcançáveis. Sonhos podem ser realizados em sua pequenez também. Pense você, irmão, nos sonhos mais simples que você tem e como gostaria de realizá-los, então pergunte também à sua família e esforce-se para que possam realizá-los juntos.

Eu vou legar mais emoções com...

....
....
....
....
....
....
....
....

Minha oração:

....
....
....
....
....
....
....
....
....
....

DONA ENY

"Se vós, pois, sendo maus, sabeis dar boas coisas aos vossos filhos, quanto mais vosso Pai, que está nos céus, dará bens aos que lhe pedirem?"

MATEUS 7:11

Assim como promovemos emoções, é necessário que protejamos nosso coração de emoções danosas. Quantas vezes falamos palavras que machucam porque sabemos que elas podem promover certas emoções? Quantas vezes ocultamos verdades de pessoas próximas porque não queremos que elas sofram tais emoções?

Uma das minhas melhores amigas se chama Eny, ela tem 87 anos. Mais do que pastor dela, somos verdadeiramente amigos. Eny, aos cinco anos, foi para a casa da tia ser educada, porque seu pai foi preso. O dia da semana que ela mais aguardava era o domingo, porque ela poderia ver seu pai. Para ela, o pai era um grande jogador de futebol, porque quando ela o visitava, ele jogava bola na grande quadra. Na cabeça da filha, aquilo era um grande campo e ele era jogador profissional. Ela torcia pelo pai, ansiava por ganhar balinhas e chocolates que ele dava.

Veja, o pai dela poderia ter mergulhado a criança Eny num mundo de crime e afastamento. Ele poderia ter sido um pai negligente, poderia ter exposto a pobre criança a uma infinidade de malícias e maus caminhos. Mas ele esteve ali por ela, ainda que estivesse em uma situação precária e péssima para si mesmo. E veja, ele não precisou comprar uma viagem cara, não precisou de nada além de estar ali por ela, dando balinhas e aproveitando sua presença.

Deus sempre nos lega o melhor, sendo seus filhos. Ele busca nos abençoar e nos encher de alegria com até as mais pequenas bênçãos, porque se até nós, homens maus, podemos ser pais carinhosos, quanto mais o Senhor, Deus dos céus e da Terra? Irmão, o Senhor é seu pai! Ele se alegra em abençoar seus filhos, glórias a Cristo por isso!

> O meu Deus suprirá todas as necessidades de vocês, de acordo com as suas gloriosas riquezas em Cristo Jesus.
>
> (FILIPENSES 4:19)

Nós podemos gerar emoções saudáveis e memoráveis mesmo na adversidade. Dona Eny cresceu em meio aos mais diversos desafios, mas nem por isso se tornou amarga ou rancorosa. Ao contrário disso, legou a seus filhos, amigos e irmãos em Cristo os frutos de sua alegria, generosidade e fé. Pensemos nisso, tanto para legarmos os melhores sentimentos e emoções, quanto para termos zelo protegendo os corações.

Eu vou legar mais emoções com...

....
....
....
....
....
....
....
....

Minha oração:

....
....
....
....
....
....
....
....
....

… / / …

CONTROLE DOS SENTIMENTOS

*"(...) mansidão e domínio próprio.
Contra essas coisas não há lei."*

GALÁTAS 5:22-23

Como seres humanos, às vezes achamos que temos tudo sob controle. Quando queremos definir nosso destino, quando fazemos planos e dizemos que não podem ser abalados.

Somos criaturas com instintos, nosso corpo é feito para sobreviver. Há pontos positivos nisso, como a adrenalina que nos ajuda quando estamos em perigo, hormônios para atrairmos uns aos outros, ou em situações extraordinárias em que mães salvam seus filhos com força quase sobrenatural por causa de seus instintos maternos.

Entretanto, também há o lado negativo. Afinal, nossas emoções, misturadas aos instintos, podem fazer com que percamos o controle. Em um acesso de raiva, falamos o que não queremos, xingamos; ou seja, magoamos muitas vezes quem amamos.

> O Senhor está perto dos que têm o coração quebrantado e salva os de espírito abatido.
>
> (SALMOS 34:18)

A Bíblia nos ensina que nossa razão deve controlar os instintos. Nós não somos criaturas irracionais, Deus não nos chamou à selvageria, e sim à temperança e à mansidão.

Nossas emoções não podem e não devem levar o melhor de nós. Isso não significa que não possamos sentir ira, antipatia, dor e sofrimento... O que quero dizer é que tudo que somos e sentimos deve ser apresentado diante de Deus.

Devem ser colocadas aos pés do Senhor: como tratamos os outros, como somos tratados, nossas dores e felicidades, emoções que nos tomam...

As palavras de dor que você ouviu não te definem; o amor de Deus, sim. Quem você foi, as pessoas que machucou, não te definem, irmão. Deus diz a você quem você é.

Parte da vida cristã é legar as emoções que demonstram os frutos do Espírito. É com grande graça que Cristo nos lembra que não estamos sós. Irmão, que seu coração possa se derramar diante do Senhor, que seus sentimentos sejam domados pelo amor de Cristo e que, daqui para frente, lembre-se de legar as emoções que valem a pena serem sentidas e lembradas.

Eu vou legar mais emoções com...

....
....
....
....
....
....
....
....
....

Minha oração:

....
....
....
....
....
....
....
....
....
....
....
....

CONTROLE DOS SENTIMENTOS

CARTA DE AMOR

"Fortaleçam os de mãos cansadas, apoiem os de joelhos fracos. Digam aos de coração temeroso: "Sejam fortes e não temam, pois seu Deus vem ... para salvá-los".

ISAÍAS 35:3-4

Quando eu saí de casa em 1997, me senti inseguro diante das incertezas quanto ao futuro. Estava saindo de Rondônia e indo para o seminário em minas Gerais. Ao chegar em Belo Horizonte, eu queria me esconder dentro do quarto do seminário. Dois dias depois de chegar, me chamaram na recepção e me disseram que havia uma carta para mim.

Não entendi, porque eu havia chegado há menos de 2 dias, era impossível que houvessem enviado uma carta. Ao abri-la, mal pude acreditar. Era a letra da minha mãe, com o endereço dela também. Foi assim que descobri que minha mãe, semanas antes de eu sair de casa, havia enviado uma carta para mim porque sabia que eu precisaria de um afago e de consolo, pois estaria sozinho pela primeira vez na vida.

> Ser agente de amor na vida das pessoas pode mudar vidas, uma geração inteira!

Irmão, ser confortado e consolado são emoções poderosíssimas. Às vezes, receber um abraço é tão importante que pode impedir que vidas sejam tiradas. Em Belo Horizonte, depois de um tempo no seminário, com a mente cheia de trevas e muita tristeza, pensei em tirar minha própria vida. Foi um abraço e tempo de carinho de um pastor da minha igreja que me impediram de atingir meu destino fatal.

Entenda, querido, que demonstrar afeto e carinho, que ser agente de amor na vida das pessoas pode mudar vidas, uma geração inteira!

Por isso, gostaria de provocá-lo a legar emoções às pessoas ao seu redor, em todos os ambientes. Cumprimente, dê bom dia, boa tarde e boa noite a desconhecidos, às pessoas que trabalham ao seu redor e por vezes são invisíveis. Abrace quem precisa de um abraço, ainda que nem sempre seja o mais confortável. Esteja presente por quem precisa da presença do Senhor, seja agente transformador, assim como Cristo nos ensina a ser.

Eu vou legar mais emoções com...

....
....
....
....
....
....
....
....

Minha oração:

....
....
....
....
....
....
....
....
....
....

CARTA DE AMOR

CONCLUSÃO

Se você, leitor, é um cristão, sabe que nós colecionamos valores diferentes do mundo e que somos responsáveis por conservar a cultura do Reino de Deus em nossa geração. Temos ciência de que a entrada do pecado interferiu nisso, inverteu os valores, perverteu os costumes, confundiu a cultura e nos inclinou para o que não tem valor. Passamos a chamar de precioso o que não merece apreço; a pagar alto preço pelo que não é precioso. Adão não guardou, não protegeu a maior riqueza. E imitando-o, guardamos e acumulamos o que não pode ser guardado, pois apodrece, enferruja, corrói e é transitório.

A herança é efêmera e passageira, enquanto o legado é perpétuo. No Reino de Deus a lógica muitas vezes parece invertida, pois você só leva aquilo que repartiu. Legar é entregar valores em vida. Diz respeito àquilo que você deixa nos corações, nas memórias. Não levaremos a herança daqui, pois não terá valor algum na eternidade; porém nosso legado se apresentará conosco diante de Deus.

O legado não tem materialidade como a herança, mas ele é mais real e durável, traz mais solidez à vida do que uma herança. A minha expectativa é a mesma da introdução deste livro: que as pessoas vivam essa única vida absorvendo o máximo que puderem do legado de Cristo, e legando, repartindo-se como Cristo, aos que estão em torno delas.

Você deve conhecer alguém assim; talvez você seja uma delas, e se não é ainda, será. Mas há também quem não reparta a si e só acumule; esses, provavelmente, ao partirem, deixarão apenas herança. Quanto a você, querido leitor, espero que acumule muito e deixe uma bela e grande herança. Mas desejo que depois dessa leitura seu legado seja tão significativo que a herança será a menor de suas contribuições para a história.

Rogo a Deus, irmão, que a sua vida seja transformada e que esses legados tenham criado raízes em seu coração, para a honra e glória de Cristo. Que você viva em paz, cercado pelo amor grandioso de Cristo Jesus e amando com toda sua força. Amém.

"(...) que pratiques a justiça, e ames a misericórdia, e andes humildemente com o teu Deus" (Mq 6:8).

AGRADECIMENTOS

Seriam necessárias muitas páginas de agradecimentos, pois é gigantesca minha gratidão. Mas quero honrar principalmente aquele que é tudo em todos, o Senhor Jesus, a ele honra e glória, pois derrama diariamente os sete legados sobre minha vida.

Agradeço à Josi, minha sábia esposa; à Sarah e ao José Heitor, filhos amados; a eles, pois são com quem primeiro vivo, reparto e recebo os valores do Reino.

Também agradeço à igreja Batista Nacional de Sorriso (MT), comunidade que legou a mim e a minha família tantos aprendizados, amizades, confiança e amor nos últimos 20 anos de vida.

Agradeço à Yara e ao Demétrio, amigos mais chegados que irmãos, que me impulsionaram e me convenceram que era possível. Agradeço de coração também à mainha e painho, pois suas habilidades com as palavras me nortearam desde a infância. Sou grato à equipe da editora Sankto, pois com zelo, paciência e profissionalismo fizeram-me "tirar leite de pedra".

Gratidão!

SOBRE O AUTOR

José Bezerra Neto é casado com Josiane Bezerra há 19 anos, com quem tem dois filhos, Sarah e José Heitor. Enxerga em seus familiares e amigos a chance mais próxima de deixar legados.

Dedicou seus primeiros anos de ministério em Belo Horizonte (MG), também tornou-se membro da Ordem de Ministros Batistas há 24 anos e é pastor na Igreja Batista Nacional de Sorriso (MT) desde 2004.

O autor é bacharel em Teologia pela Universidade Filadélfia e pelo STEB (Seminário Teológico do Brasil), pós-graduado em Psicologia do Aconselhamento e possui MBA em Liderança e Coaching. Além disso, José é palestrante na área de Família há 24 anos.

Sua missão como pastor é o avanço do Reino de Deus e, por isso, tem se dedicado à implantação de igrejas no Brasil desde 1993.

Este livro foi composto por Sankto Editorial nas famílias tipográficas FreightText Pro e Avenir LT Std, impresso na gráfica Coan em janeiro de 2024.